ひろゆきツアーズ

世界ぐるっと物見遊山の旅

ひろゆき／語り手

高橋弘樹／聞き手

HIROYUKI TOURS

THE MONOMIYUSAN TRIP AROUND THE WORLD

産業編集センター

聞き手／高橋弘樹（高橋P）

語り手／ひろゆき（西村博之）

はじめに

総合旅行業務取扱管理者資格、取ってみた！
～僕が外国を旅する理由～

ひろゆきさんって今までどのくらい旅してるんですか？

多分52か国とかそんな感じじゃないんですかね。高橋さんは？

高橋P　僕も50か国くらいは行ってるかもしれませんね。ひろゆきさんは、どういう目的で、どういう風に旅行することが多いんですか？

ひろゆき　今はもうフランスに住んでるんでやめましたけど、日本に住んでる時は、HISの初夢フェアみたいなのに申し込んでました。年末の26日ー27日にフェアがあって、めちゃめちゃ安く海外旅行に行けるんですよ。ホテル代航空費全部込みで1週間トルコに行って5万8000円、みたいな。

高橋P　そりゃ安いな。

ひろゆき　っていうのを、年末にバーって片っ端から買ってから、翌年1年間のスケジュールを決める、みたいな。

高橋P　なんで？　お金あるのに、どうしてクルーズとかじゃなくて、そういうので行くんですか？

ひろゆき　う〜ん。まあ、気分としてはロケハンなんですよ。

高橋P　え!?　どういうことですか?

ひろゆき　とりあえず妻とパッケージで行ってみて、その土地のザ・観光地なところを1時間半くらいで効率よく見て。それで、本当に行きたかったらもう1回行こうみたいな感じで。

高橋P　そうやってロケハンしておいて、後日行ったことのある国ってあるんですか?

ひろゆき　トルコは3回ぐらい行ってますね。

高橋P　いいですね。フランスからトルコってどれくらい?　けっこう車でヒョイって行ける距離なんですか?

ひろゆき　フランスから行こうとすると飛行機で5時間くらいですね。

高橋P　けっこうですね。ヨーロッパって日本から見るとそれぞれの国が近いように感じますが、さすがにトルコまでは遠いか。グルジアとか行ったことあります?　ジョージア。

ひろゆき　ないですね、あそこら辺は。ヨーロッパはHISであんまり安くなってなかったから。

高橋P　HIS大好きじゃないですか。

ひろゆき　だからフランスに住んだら、ヨーロッパ中に行こうと思ってたんですけどね。住み始めるとドア開けたらもう海外って感じなんで、今は海外旅行欲が皆無なんですよ。

高橋P　ずっと海外にいるから満たされちゃうのか。

ひろゆき　ドア開けるだけで、あー楽しいってなるので、別にいちいち行かなくてもいいやっていう。

高橋P　ひろゆきさんって、パリの街をちゃんと満喫してるんですか？

ひろゆき　僕は満喫してますけど、「今度パリ行くんだけど、どこがおすすめない？」って聞かれるのが困るんですよね。

高橋P　なんでですか？

ひろゆき　僕の面白いと思うものを他人が面白いと思う率が、けっこう低いんですよ。

高橋P　マニアックですからね。ちなみにひろゆきさんって、HISで行くかニコニコ動画の金で行く以外に選択肢はあるんですか？

ひろゆき　もちろんJTB的なところとかでも行ったりしますよ。

高橋P　いや、会社違うだけで基本ツアーっていう意味ではおんなじじゃないですか。

~~~

ひろゆき　ああ、えーっと。実は観光局がらみでも結構行ってるんですよ。マカオ観光局からお金をもらってマカオを旅したりとか。香港の観光局からもらったりとか、南アフリカとか。

高橋P　へえ、それはインフルエンサーとしてですか？

ひろゆき　メディアとしてですね。ガジェット通信っていうメディアをやってるテイで、現地行って取材して記事を書きますよって言って連れていってもらう。

高橋P　ひっどいですね。ひろゆきさん、記者になることもあるんですか？

ひろゆき　はあ、一応。あ、でも僕、旅行業務取扱管理者資格っていうものを持っているので、旅行に関しては素人ではないんですよ。海外
~~~

旅行の手配ができる旅行代理店を作れる資格を、実は持ってるんです。

高橋P　え⁉　まじっすか⁉

ひろゆき　だから旅行について詳しいですか？って聞かれると、いろんなところを旅してきたから詳しいっていう素人とは違い、一応プロの資格を持ってるから詳しいって言えるわけで。

高橋P　そんなこと言っちゃって。結局はお金を巻き上げる、じゃないや、お金をもらうためじゃないですか。

ひろゆき　まあ、きっかけは「旅行代理店を作るとタダで旅行に行けるようになる」って知り合いから聞いたからなんですけどね。それを間に受けて資格を取ったんですが、蓋を開けてみると旅行代理店を作るのに

７０００万円くらいかかることがわかり……。国に保証金とかを入れなきゃいけないんですよ。要は、突然会社が潰れたら旅行を申し込んだお客さんが困るので、国に預託みたいなことをしないといけないっていう。でもそんなにかかるんだったら普通に旅行した方がいいじゃんってなって。だから資格は取得したものの、何も使っていないっていう。

高橋P　その資格って、旅行代理店を作らずとも取れるものなんですか？

ひろゆき　元々は旅行代理店を作る、もしくは運営するために必要な国家資格なんですけどね。でもそれがあると、いろんなところに話が通しやすくなる。ただの記者ですライターですっていうのと、旅行業務取扱管理者で

すっていうのとでは、相手の反応が雲泥の差なので。

高橋P　その国家資格ってどうやって取るの？　講義を受けなきゃいけないとか？

ひろゆき　試験は一発で受かりますよ。だって僕、1週間も勉強してないけど受かりましたもん。

高橋P　へー。試験対策する学校があったりするんじゃなくて？

ひろゆき　一応予備校というか、カルチャースクール的な学校もあるんですけど、自分で勉強して受けてる人が多いんじゃないですかね。

高橋P　参考書的なものを自分で読んで受けちゃう、みたいな。

ひろゆき　そうだと思いますよ。旅行に関する法律、契約について、国内旅行、海外旅行の４科目あって各科目60点以上取れば基本合格、みたいな感じです。で、僕の場合、英語と海外旅行に関しての知識はまあまああったので、旅費の計算だけが課題。でもそれも、JRでここからここまで行った時にはいくらになるかっていう問題だったりするので、算式を覚えておけば解ける。ただ国内旅行だけは遠野物語が語られている地域は何県か、みたいな問題が出るからぶっちゃけ運なんですよね。知ってるのが出たら通るし、知らないのが出たらしょうがないよねって。そこは運任せでいったらなんとかなったけど。

高橋P　じゃあまあ。旅のプロということで。ちょっと独特の思考回路の持ち主ではありますが、この本ではひろゆきさんに水先案内人になって、「ひろゆきツアーズ」を展開してもらいましょう。

ひろゆき　さっきも言いましたけど、僕の面白いと思うものを他人が面白いと思う率が、けっこう低いんですけど、いいんですか？

高橋P　いいんです、いいんです。この本はひろゆきさんの視点で「ここは見ておいてよかった」っていうのでいいんです。まあ、僕が聞き役なんで、「高橋を連れて行くなら」っていう視点でもいいですけどね。

ひろゆき　いいですよ。ただ、高橋さんは趣味が一般的じゃないので、高橋さんが喜ぶけど一般の人が喜ばない、みたいなことになりそうですけど。ここに行くと人の骨がたくさんあるよとかそういうところ、高橋さんだけが喜びそうな気がするから。

高橋P　どういうイメージなんですか。やめてくださいよ。じゃあ僕が国の名前を行ったらどういう楽しみ方があるか教えてくれますか？

ひろゆき　ああ、それでもいいですよ。でもほんと、変な楽しみ方しか思いつかないと思いますけど。

高橋P　それでいいと思います。世界はナナメから見る方が面白そうだし。

もくじ

はじめに
総合旅行業務取扱管理者資格、取ってみた！
～僕が外国を旅する理由～ …… 4

1章
もしも僕がガイドだったら？
ひろゆきツアーズ …… 14

アメリカ合衆国 …… 16
資本主義バンザイの国に現存するヒッピーコミューンを体験。

南アフリカ共和国 …… 24
バンジーにスラムに超高級リゾートに。
わざわざ行くには遠いけど、刺激のある国。

1章

ひろゆきツアーズ もしも僕がガイドだったら？

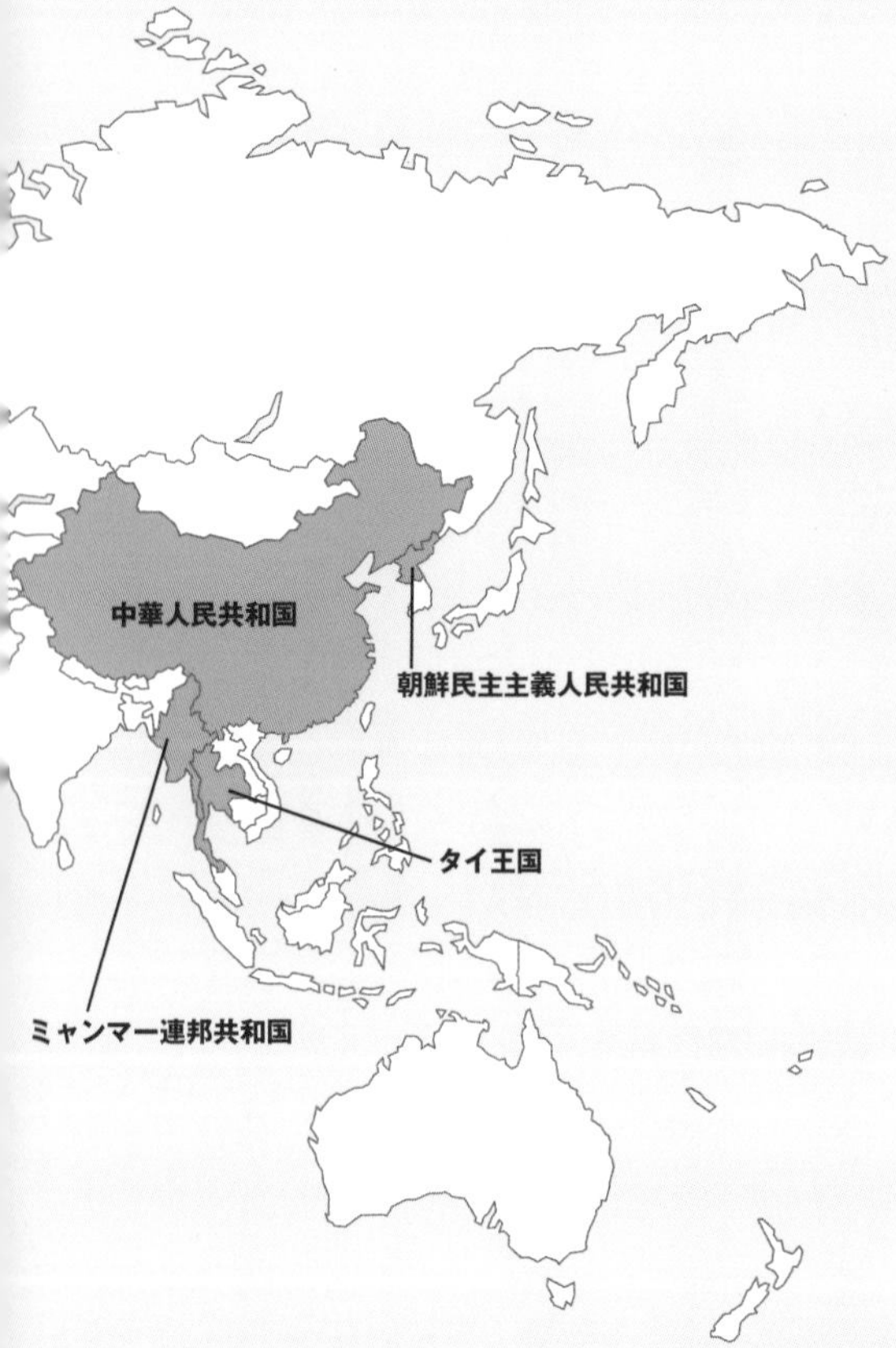

オランダ王国
フランス共和国
アメリカ合衆国
トルコ共和国
キューバ共和国
メキシコ合衆国
エジプト・アラブ共和国
ブラジル連邦共和国
ジンバブエ共和国
南アフリカ共和国

アメリカ合衆国

資本主義バンザイの国に現存するヒッピーコミューンを体験。

基礎情報

面積　9,833,517平方キロメートル（日本の約26倍）
人口　3億3,200万人（2021年7月米統計局推計）
首都　ワシントンD.C.
通貨　米ドル
為替レート　1ドル＝128.07円（2022年4月21日）
民族
言語　主として英語（法律上の定めはない）
宗教　信教の自由を憲法で保障、主にキリスト教
主要産業　工業（全般）、農林業（小麦、トウモロコシ、大豆、木材他）、金融・保険・不動産業、サービス業
名目GDP　18兆4,226億ドル（実質、2020年）
一人当たりGDP　69,221ドル（2021年）
経済成長率　5.7％（2021年）
物価成長率　8.5％（2022年）
失業率　3.6％（2022年）

豆知識

アラスカやハワイ島を含む50州からなる連邦国。1万5000年前よりネイティブアメリカンが住んでいたが、17世紀にイギリスからの移民により植民地化。ネイティブアメリカンは居留区が定められ、条件付きの自治権を認められた。1776年に13の植民地がイギリスとの独立戦争を起こし連邦国となった。領土を西へと拡大していく過程で、主に産業の違いのため南北が差異化された。リンカーンが大統領選で奴隷制度に反対したことを契機に、アフリカ系アメリカ人奴隷のプランテーションに経済依存していた南部が反発。アメリカ合衆国（北部）とアメリカ連合国（南部）に分かれ、南北戦争（1861年〜1865年）が起こる。北部が勝利し、奴隷制度は廃止、南北が統一されアメリカ合衆国となった。1959年に準州だったハワイが50番目の州として正式に加盟し現在の形になった。

名目GDPが世界1位の経済大国。特に、IT産業では、4大企業と言われるGAFA（グーグル／アマゾン／フェイスブック／アップル）＋マイクロソフトの株式総額が日本の東証1部総額を超える560兆円を記録した（2020年）。

ひろゆきさん、学生時代にアメリカ留学してたんですよね。どこの州でしたっけ。

アーカンソーです。

高橋P　滞在中はそこを拠点に色々行きましたか？　あっちは車社会ですよね。

ひろゆき　まあ、アムトラックっていう鉄道とか、グレイハウンドっていうバスとかいくつか旅する手段はあるんですが、住んでる人はだいたい車ですよね。日本から旅に行くときも、国際免許を持っていってレンタカーしちゃえばラク。

高橋P　車で思い出したんですけど、俺、Googleマップ見るのがすごく好きで。アメリカの東海岸をニューヨークからずっと南下するバーチャルトリップをしてると、地形の変化がすごいことに気づいたんです。あそこをいつか車で走ってみたいなって。走ったことはあります？

ひろゆき　南下はないけど東海岸の北上はあります。フロリダからワシントンまで。

高橋P　あそこ謎じゃないですか？　景色、どんな感じでした？

ひろゆき　割と普通にどんどん植生が変わっていくってだけで。走ってる分にはあんまり変化ないですよ。

高橋P　そんなに感じるものはないですか？

ひろゆき　まあ、アメリカらしいなっていう。

高橋P　僕は脳内でドライブを楽しむのが好きで。時々普通の民宿みたいなところをクリックして、時間を潰すっていうの大好きなんですけど。

ひろゆき　え？　あっ、そういう所に立ち寄るんすね。ってことは下道使うってこと？　めっちゃ時間かかるんじゃないですか。

高橋P　そうです。下道をずっとGoogleマップで。

ひろゆき　僕は高速道路で行きましたけど、それでも確か14時間くらいかかったと思います。

高橋P　14時間で行けるんですか。フロリダからワシントンまで。

ひろゆき　早朝に行くといくら飛ばしても捕まらないので、時速１６０キロくらいで。

高橋P　いいな、アメリカ旅したいな。

ひろゆきさんみたいに高等遊民になるしかないのかなぁ。

ひろゆき　あ、でも仕事でしたから、北上したの。

高橋P　へえ。ところでフロリダっていえばディズニーですよね。行きました？

ひろゆき　はい。ディズニーは割と好きなので、カリフォルニアのディズニーランドもフロリダのディズニーワールドも。

高橋P　みんな感動するって言いますよね。

ひろゆき　特にフロリダのは広いですからね。日本のディズニーランドやディズニーシーみたいなのが5個くらいある。1個ずつが自動車で20分ぐらい走らなきゃいけないぐらい離れてて。めちゃくちゃ広いから、1週間いたとしても全部はまわれないんじゃないですかね。

高橋P　マイアミでしたっけ？

ひろゆき　フロリダのオーランド。

高橋P　ディズニーってパリもありますよね。

ひろゆき　パリはそんなに混んでないし、しょぼいので1日で大丈夫です。東京よりちっちゃいし、空いてるからあっという間にまわれちゃうんですよね。1回だけ行ったけど、もういいやって。

高橋P　奥さんってディズニーランドとか行きたがるんですか？

ひろゆき　いや、あんまり。僕が行きたがる方ですね。オーランドも4、5回行ってるんじゃないかなぁ。

高橋P　アメリカの他の場所はどうですか？　ここは面白かった。絶対行くべきっていう場所、教えてください。

ひろゆき　うーん。そうだなぁ。ポートランドでみんなで裸になって自転車に乗る祭とかは面白かったですね。何人くらいいるのかな。5、600人くらいいたのかな。全裸の男女が、公園の周りとか街中をグルグル自転車で走るっていう。

高橋P　はいはい。あれヤバイですよね。

ひろゆき　あれは頭おかしい。

高橋P　番組のロケで行って、モザイクかけるのすげー大変だった。確かにあれは衝撃を受けた。

ひろゆき　バーニングマンでも同じようなの見たから、「懐かしい！　あれじゃん！」って感じだったんですけど。面白かったので、プライベートで3回くらい行ったかな。

「商業主義と決別する」が目的の不思議イベントに潜入

高橋P　バーニングマンって、あれ、なんなんですか、参加料とかあるんですよね。高くないんですか？

ひろゆき　今はだいぶ高くなっちゃいましたけど、昔は5万円くらい。参加にはそんな感じだけど、滞在中はお金を使っちゃいけないから、中では逆にお金が一切かからないんですよね。物々交換も売買も禁止だから。

高橋P　結局、なんなんですか、あれ。

ひろゆき　砂漠の何にもないところで、6万人くらいが集まって1週間くらい一緒に生活をするっていう実験的なイベントです。

高橋P　バーニングマンってどういう意味なんですか？

ひろゆき　イベント期間中、街の象徴的な場所に置かれている人型の造形物（ザ・マン）を終盤に完全に燃やす、

つまりバーンしちゃうからみたいですよ。

高橋P　へえ。

ひろゆき　でもまあ、インターネットがないっていうのが、バーニングマンの良さだったんですけどね。いろんな世俗的なものから遮断された中で、貨幣経済や商行為が忌むべきものとしてみなされ、見返りを求めないギフトエコノミーとホスピタリティが共同体を成立させているっていう感じの空間で。

高橋P　楽しそう。

ひろゆき　「全裸が一番偉い」っていう謎のルールがあるんですよね。日中は気温40度くらいになる砂漠なんで、水飲まないとだいたい1時間くらいで死ぬんですよ。全裸でいると暑いし水筒もないから喉がカラカラになる。で、何かくれっていうと、みんながどうぞどうぞって。全裸に対して崇拝する気持ちがあるというか、「全裸すげー」っていうのがある。でもインターネットが普及しちゃったせいで、そこらへんの動画が出回るようになっちゃって。そしたらみんな服着るようになっちゃった。

高橋P　つまんないですね。

ひろゆき　僕が行ってた頃って普通に具が見えてる人とか、全裸のおばあちゃんとかが歩いたりしてて、面白かったんです。服屋があって、欲しいものがあったら自由に持っていっても

いいよっていうんで、全裸のおばあちゃんがそこで服を選んで着る、みたいな。そういう謎のイベント。

高橋P　ひろゆきさんも全裸になってたんですか？

ひろゆき　僕はならないんですけどね。別に強制されるわけじゃなくて、やりたければやれば、みたいな感じだったので。バーとかカフェとかもあって、「これ飲みたい」って言うとタダでなんでも飲ませてくれる。ビール屋さんもあって、その場で醸造したビールを配ってる人たちがいて。

高橋P　めっちゃ行きたい。

ひろゆき　水以外は何も持って行かなくてもなんとかなりますね。まあ、水ももらえるんですけど。

高橋P　すげー楽しそうじゃないですか。

ひろゆき　楽しいですよ。「人の親切」だけで回ってる世界なんで。

高橋P　あ、ネットで見てみました。どれどれ。バーニングマン10の原則。1、どんな人も受け入れる。2、無条件に与える。3、商業主義とは決別する。4、根本的な自立を果たす。5、本当のあなたを表現する。6、隣人との創造的な協力をする。7、市民としての義務を果たす。8、跡は何も残さない。9、徹底的に参加する。10、「いま」を全力で生きる。だって。

ひろゆき　キューバとか北朝鮮とか、昔のミャンマーとか。そういう資本主義じゃないところで生活が成立しているっていうのは直感的には理解しづらい。でもバーニングマン行くと、なんか面白いシステムだなって思えてくるんですよね。

高橋P　ひろゆきさんは資本主義の枠の外のところに行きたいんですかね。

ひろゆき　枠の外のものを見たいというか。これでもまわるんだっていうのを確認したい、みたいなのはあります。

apocalypse
later...
BAR

Free
Bud

南アフリカ共和国

バンジーにスラムに超高級リゾートに。わざわざ行くには遠いけど、刺激のある国。

基礎情報

面積　122万平方キロメートル（日本の約3.2倍）
人口　5,778万人（2018年）
首都　プレトリア
通貨　ランド
為替レート　1ドル＝約14ランド（2018年11月／南ア準備銀行）
民族　黒人（79%），白人（9.6%），カラード（混血）（8.9%），アジア系（2.5%）
言語　英語，アフリカーンス語，バンツー諸語（ズールー語，ソト語ほか）の合計11が公用語
宗教　キリスト教（人口の約80%），ヒンズー教，イスラム教等
主要産業　農業、鉱物産業、工業
名目GDP　3,663億米ドル（2018年／世界銀行）
一人当たりGNI　5,720米ドル（2018年／世界銀行）
経済成長率　0.6%（2018年／世界銀行）
物価成長率　3.6%（2018年／世界銀行）
失業率　27.0%（2018年／世界銀行）

豆知識

天然資源の豊かな国。内陸部はハイベルトと言われる高原地帯で、ダイヤモンド、金、レアメタルといった鉱物資源が豊富。鉱物資源の採掘の始まった1800年代には、オランダとイギリスが利権をめぐりボーア戦争が起こった。<西部はカラハリ砂漠、南東部はトラゲンスバーグ山脈。北部はテーブルマウンテン、200種以上の哺乳類・800種以上の鳥類の野生生物がいるクルーガー国立公園がある。>1652年オランダ東インド会社がケープ植民地を設立。オランダ系移民（ボーア）の入植が始まった。終結後、1814年に正式にイギリス領となった。1910年、白人層の政党によってはじめの人種差別法が実施。1948年アパルトヘイト政策が行われる。1961年に南アフリカ共和国として独立。ネルソン・マンデラ牧師が人権問題を指摘したが、反政府的な行動であると投獄される。デクラーク大統領によって釈放されたのは1990年だった。1991年にアパルトヘイトは全廃。1933年にマンデラとデクラークはノーベル平和賞を受賞。1994年には全人種参加の大統領選が行われ、マンデラは初の黒人大統領となった。

南アフリカも行ったんですよね、ひろゆきさん。

南アフリカはW杯の前に行ったんですよね。めちゃくちゃ治安が悪いと言われてる頃に。ヨハネスブルグにソウェトって呼ばれる地域があるんですけど、そこに行ってみたくて。

高橋P　やっぱ変わってますよね、動機が。

ひろゆき　1880年代にヨハネスブルグで金鉱が見つかって、アフリカ中から人が集まってくるんだけど、住めるところがないから、勝手に土地を占拠して住み始めたのがきっかけでできた場所みたいで。

高橋P　アパルトヘイト政策の時に、「ソウェト蜂起」ってありましたよね。

ひろゆき　はい。そのソウェトです。基本的にはみんな仕事がないので、日中ヨハネスブルグに泥棒に行き、夜はそこで寝るっていう。

高橋P　そこに行ったんですか？

ひろゆき　面白そうだったんで。

高橋P　どうでした？

貧しくても、何にもなくても、みんなゲラゲラ楽しく笑って話してる。それがなんかよかった。

ひろゆき　昼に行くと悪い奴らは泥棒しにヨハネスブルグに行ってるので、女性と子供と体の動かない高齢者しかいないんですよ。なので普通に暇な人が大勢いる町っていう。みんな人当たりが良くて楽しかったですけどね。バケツでビールを作ってますっていう感じのビールの醸造所みたいなところがあったので、それを飲ませてもらって。近くに居酒屋があるんだよって言われて行ったら、紙パックに茶色の粉末を入れて振るとアルコール飲料になるものしか出してない居酒屋があって。小屋の中に十何人いたかな、ずっとそれだけをみんなで飲んでゲラゲラ笑って楽しく話してるっていう。それがなんかよかったんですよね。でもその飲み物、そこ以外で見たことがないです。いまだに。

高橋P　それ酒なのかな。やばいやつじゃないですか?

ひろゆき　わかんないんですよね。でも、紙パック自体は工場生産されたっぽい紙パックなんですよ。よくよく考えると紙パックは実は他の用途のために作られたもので、単に容れ物として使ってただけなのかなあ。

高橋P　スラムロケ経験者の予想ですが、それってコカとかそっち系な気がしますけどね。

ひろゆき　ああ、でもね。そんなに高くなかったんですよ。味はどぶろく的な感じだった気がするんですよね。ニコニコ動画のお金で行ったから、サイト探せばそこらへんの動画も出てきますけど。

高橋P　それも人の金で行ったのか！　ひろゆきさんって自分でカメラを回してるんですか?

ひろゆき　僕が回すときもあれば、友達が回すときもあってって感じですね。

高橋P　あ、ひげおやじさん?ひろゆきさんの大学時代からの大親友の?

ひろゆき　あ、はあ。ひげさんと、あとドワンゴ社員の伊予柑の3人で行った気がしますけど。

高橋P　あ、ネットに写真出てきた。へえ、ちゃんと車窓とかも撮ってるじゃないですか。

ひろゆき　ひげさんが撮影担当だったんで。そこら辺は頑張って撮ったんじゃないですか。

高橋P　ひげさんも人の金でいい旅してますね。

ひろゆき　だいたいニートみたいなものなので、呼ぶとついてくるっていう。

高橋P　編集もひげさん？

ひろゆき　編集もひげさんかな？　そういやそうかもしれないですね。伊予柑ってやつが何もしないので。

ひろゆき　ソウェトは前々から聞いてたんで、「行きたい！」ってガイドの人にお願いして連れて行ってもらったんです。実際ガイドの人はちょっと行くの嫌そうで、ピリピリしてましたけどね。

高橋P　撃たれるんじゃないかって？

ひろゆき　そんなに治安がいい場所じゃないので、なんかあるんじゃないかって。3年前くらいにもソウェトにまた行ったんですけど、もう全然別の場所になっちゃってました。

高橋P　綺麗になっちゃったんですか？

ひろゆき　W杯以降、みんなが「治安が悪い場所があるよね」って観光ツアーで大挙して訪れるようになっちゃって。それが結構お金を産むっていうことが分かった現地の金儲けしたい人たちが、気のいい人たちが住む町を自転車で探索しようツアーっていうのをやるようになった。そうすると、やっぱ、どんどん町の空気が綺麗になっていくんですよね。

高橋P　来た人に喜んでもらって、チップを落としてもらった方がいいよねってことで綺麗に綺麗に。

ひろゆき　自転車で走ってると子どもたちがハイタッチしてくれたりとか。妙に陽気な楽しい町になっていて、昔のドロドロした感じがなくなってて、

あれれ？　どうしちゃったんだろうっていう。

高橋P　俺もロケで経験したことあるな。オセアニアとかアフリカとかで、観光客が来た途端に民族衣装に着替えて出てくる人。見ていてちょっと切ないですよね。

ひろゆき　子どもたちはお菓子がもらえるから喜んでやってる、みたいな。家にエアコンがつくようになったり、随分快適になったみたいですよ。

高橋P　なんですかね。スラムに行くと、僕はすごい胸が締め付けられるんですよね。なんかその、僕、サイコパスなんで人を可哀想とかいう気持ちは全然なくて。でもなんかノスタルジーを感じるっていうか。すごい好きなんですよ、スラムが。

ひろゆき　ノスタルジーってことは住んでた所に近い感じ？

高橋P　錦糸町で育ったので他の町よりはノスタルジー感あるかも。スラムに行くと子どもたちが夕方にサッカーしてすごく賑やかで、なんか活気あるじゃないですか。みんな泥棒したり、すぐ発砲したりする人たちですけど、あの感じ嫌いじゃないんだよな。ひろゆきさんそういうのないですか？

ひろゆき　でもそれって狙われる側じゃないっていうアジア人の特権を最大限に利用できている気がしますけどね。もし白人、金髪、青い目とかと一緒に行ったら、速攻襲われてると思う

んですよ。でもTシャツ短パンのアジア人が来ても、まあ、中国人も街中にたくさんいるしって感じで誰も気にも留めない。だから、スラムに行って楽しめるのって、アジア人の特権なんじゃないかなっていつも思ってるんです。

高橋P　まあ、それはありますよね。

ひろゆき　インドとか行っても僕らがアジア人なんでそこまで物乞いが寄ってこないですけど、知り合いの白人とかってどこに行っても物乞いがバンバン近づいて来るんですよ。白人イコール金持ちっていう認識だから。で、目立つじゃないですか、肌白いから。で、暇な人たちが白人触ってみたいって言ってどんどん寄ってきて、ベタベタ触る。どこに行ってもそれなんで、白人にとってインドの旅は大変なんだなあって思いながら見てました。

高橋P　昔アフガニスタンに行ったんですけど、治安の悪いところに行ったら、白人が射殺されてましたからね。「ああ、あそこで泊まってた白人、射殺されたよ」みたいなこと聞いてギョッとしました。

ひろゆき　国によっては、欧米では差別される側のアジア系の方が、実は楽なことってあったりしますよね。まあ、アジア人じゃないと分からない感覚だと思いますが。

高橋P　今でこそそれはないと思うんですけど、10年くらい前だと、欧米に行くとだいたい中国から来たの？って言われましたよね。チンチンって言われません？

ひろゆき　ああ、チノチノとかね。そうっすね。「中国人は金持ち」っていうイメージってここ10年ぐらいのもの。僕が旅してた20年前とかだと一般的には「中国人イコール貧乏」という認識でしたから、誰も相手にしないんですよ。泥棒からも盗む対象として相手にされないから、意外と安全圏っていう。

高橋P　確かにそんな時代もありましたね。

ひろゆき　南アフリカもだいぶ治安がよくなっちゃってて。ソウェトの発電所跡も昔はただのでっかい廃墟で、危険だから立ち入り禁止だったのが、何年か前に行ったらバンジージャンプ場になってて驚きました。バーベキューやりながらバンジージャンプ見て楽しもうみたいなイベント会場になってて。割とうまく観光地化できちゃってるんですよね。

高橋P　治安良くなったって言いますもんね。

ひろゆき　「この人絶対ヤベー」って

いう人は見かけなくなりました。

高橋P　ひろゆきツアーズとしては、他にどんなところがおすすめですか？

高みの見物ができる南アフリカ屈指の高級リゾートエリア

ひろゆき　キンバリーっていうメチャメチャ豪華なリゾート地っていうのがあって。

高橋P　高級リゾートか。南アフリカの金持ちって桁外れっていう気がするから、どんなところが興味あるな。

ひろゆき　ダイヤモンドが採れちゃったもんだから、アホみたいに潤ってるところ。あと、行ってよかったのがクニスナって場所です。

高橋P　クニスナ？

ひろゆき　ちょうど湾になってるので、川の淡水と海水が混ざりあって、時間によって流れが変わるような所なんです。湾の出口が小さいので潮の満ち引きでおっきい波ができて、町が沈んだり浮いたりっていうのを毎日繰り返すんです。その湾の中に住んでる人もいるんですけど、金持ちは遠くの上の方からずーっと眺めて楽しむっていう。南アフリカ人以外ほぼ知らない高級リゾートエリアです。

高橋P　地図で見てみましたけど、ここ地形的にすごいことになってますね。

ひろゆき　川の水が溜まりつつ、海水が戻ってくる時もあってっていうので割と面白くて。

高橋P　ヤバイ貴族の遊びじゃないですか。「おー。下の方がちょっと水が溜まってまた離島になってるよ」っていうのを文字通り高みの見物して愉しむってことですよね。

ひろゆき　ですね。

高橋P　すっげー嫌な地域じゃないですか。

ひろゆき　土地の値段が高いんですよ。

高橋P　どうして高いんですか？

ひろゆき　まあ、ヨハネスブルグとかで大儲けして、「将来どこに住む？」ってなった時、やっぱりこういう景色のいいところで暮らしたくなるんじゃないですか。そういう人が集まってくるから土地も高くなるっていう図式。

高橋P　景色がいいって言っても、結局下の方の人たちが水没しているのを見てるだけですよね。

ひろゆき　そうです。それが見れたり、海に沈む夕日が見れたりするんで。

高橋P　ああ、そういう嫌なやつだけじゃなくて、絶景目当てもあるんですね。これはどこで知ったんですか？　こんなところ、ツアーでは行かないですよね。

ひろゆき　南アフリカの観光局がここ面白いんですよって教えてくれました。全く知らなかったんですけど、行ってみたら確かに面白いわっていう。

高橋P　それは取材も兼ねて？

ひろゆき　そうですね

高橋P　面白そうなことしてますね。普通ここまで行かないですよ。結構遠いんですよね。

ひろゆき　拠点はケープタウンですね。ケープタウンから東に向かう感じです。

「最果て」についての二人の感覚の違い

高橋P　そこら辺一体の海沿いは、基本リゾート地なんですか？

ひろゆき　完全にリゾート地ですね。もともとケープタウンが金持ちの街なので、グルメもしっかりしてるんですよね。港があるから、ヨーロッパから食材を持って来ることだってできる。食材の質がいい上に、働いてるのがア

フリカ人だから料理の値段が安いという。

高橋P　そういうことになりますよね、そこら辺は。

ひろゆき　北前船もそうですけど、船が寄港するところはやっぱり栄えるんですよね。

高橋P　いやー、こういう話聞いてるだけで旅行行きたくなっちゃうの、なんだろなぁ。Googleマップだけで満足してちゃダメだなあ。

そういえば、地図で喜望峰見てて思い出したけど、ひろゆきさんて、最南端とか最北端みたいなワードに惹かれたりします？

ひろゆき　あんまりです。そういう所って、期待して行ってみても、結局何にもないことが多いですよね。

高橋P　行ったことはあるわけですね。

ひろゆき　まあ、喜望峰とか行きましたけどね。要は概念上の話で、実際にはそれより南ってあるわけじゃないですか。アメリカでもキーウェストとか行きましたけど、行ってみるとただの島。行くのにめちゃめちゃ時間がかかるのに。

高橋P　そうね。ここが最南端ポイントだよとか言いながらね。

ひろゆき　あっそーっていう。

高橋P　でもおれ、マゾなのかな。知床とか行って、道路が最後無くなってテンションが下がる感じ、嫌いじゃないですね。最果て感があって。世界の最北端最南端は行ったことはないですけど、日本の最北端はそれなりにテンションがちゃんと下がるじゃないですか。あの感じがいい。世捨て願望があるのかな。

ひろゆき　へえ、そうですか。結局最北端っていう情報なだけで、端っこに行けば大体誰も住んでないから、似た感じの景色になるのに？

高橋P　自分の頭の中で最北端っていう情報の補助線を引いて見てるからっていうのはありますよね。

ひろゆき　さびれた町なんて、大体どんな所に行っても必ずあるから。

南アフリカ名物バンジージャンプ

高橋P　他はどうですか？　南アフリカで行くべき所。

ひろゆき　そうそう。世界ベスト5に入るぐらいの高さからバンジージャンプできる場所があるんですよね。割と長い橋があってそこから落ちる。

高橋P　怖そう。

ひろゆき　僕これをやったんですが、もう二度とバンジージャンプはやらなくていいかなって思いました。

高橋P　バンジージャンプって成人の儀式みたいなのありますよね。

ひろゆき　もともとイニシエーションとして始まったやつですね。

高橋P　俺、やりたいと思ったことないですよ。やりたかったんですか？

ひろゆき　1回だけやってみたから、もういいって思ってる。

高橋P　でもやってはみるわけですね。

ひろゆき　はあ、まあ割と有名だし、せっかくなんで。ただ、バンジージャンプって、落ちたら死ぬようなところから飛び降りるっていうのを自主的にやる行為じゃないですか。だから通常の理性がある人ってなかなかできないんですよ。どこか頭がおかしくならないとできない。だからバンジージャンプを2回目やるやつは、相当頭がおかしいっていうか。2回目以降はもう癖になってしまって帰ってこれなくなる気がしてて。1回目は結構大変。で、その経験があるから2回目はもっと容易に飛べるようになる。でもそれをやると、本当にやってはいけないことをやっちゃいけないっていう理性そのものが壊れてしまうような気がします。

高橋P　ほんとに飛び降りちゃうっていうことですか？

ひろゆき　いや、う〜ん。どういえばいいかな。人って、これ危ないよねっていうことを無意識のうちに避けるじゃないですか。その無意識のうちにできる行動を乗り越えるというか、しなくなるのがバンジージャンプなんですよね。本来はこれ死ぬからやっちゃいけないっていう本能で体や足がすくんだりするところを、無理やり大丈夫って思い込ませて理性で飛ぶっていう行為。本能は嫌がるけど理性で飛ぶ。

それを何度もやっちゃうと、恐怖っていうのをコントロールできなくなっちゃう気がしてて。

高橋P　ああ、なるほど。

ひろゆき　だから、電車のホームの端っこを歩くとか、僕めちゃくちゃ嫌いなんですよ。たまたま何かにぶつかってポトって落ちたら死ぬことだってあるわけじゃないですか。でもそういう恐怖心が無くなっていっちゃうと思うんですよね。バンジージャンプでポンポン飛び降りる経験をしちゃうと。だから2回目に行くやつはヤベエ奴。僕は2回目は必要ないかな。

高橋P　それを繰り返すといつか死んじゃうってことですよね。

ひろゆき　そうですね。これまずいっていう時に、体が止めてくれないっていう。

高橋P　分かります。しかも、もうちょっとずつ刺激を足していきたくなりそうですし、死ぬまで。

ひろゆき　もっと高いところないかなとか、紐もうちょっと細くてもいいんじゃね、とか。

高橋P　まあ、刺激を求めてエスカレートするっていうのは、旅も同じですけどね。縦移動か横移動かの違い。人はどこかで、常に刺激を求めているのかも。

ONS
BETER BESPARINGS

Laduma!
Lunch Bar
Much, Much More!
WESTGATE
MEAT FESTIVA
LAMB · BEEF · CHICKENS · FISH

オランダ王国

人に迷惑かけなきゃ何してもOKっていう姿勢。人間の欲望に寛大な国。

基礎情報

面積　41,864平方キロメートル(九州とほぼ同じ)
人口　1,755万人(2021年9月)
首都　アムステルダム(政治機能所在地はハーグ)
通貨　ユーロ
為替レート　1ドル=0.9346ユーロ(中央銀行レート)(2023年2月15日)
言語　オランダ語
宗教　キリスト教(カトリック20.1%、プロテスタント14.8%)、イスラム教(5.0%)、無宗教(54.1%)等
主要産業　専門サービス業、卸売・小売業、製造業(食品・飲料、化学・医薬品、機械等)等
名目GDP　9,095億ドル(2020年/IMF推計)
一人当たりGDP　52,248ドル(2020年/IMF推計)
経済成長率　-3.8%(2020年/IMF推計)
物価成長率　1.1%(2020年/IMF推計)
失業率　3.8%(2020年/IMF推計)

豆知識

国土の約30%が13世紀から20世紀にかけて治水技術によって作られた干拓地であり、約4分の1は海面よりも低い位置にある。ライン川とマース川の三角州に作られ、風車小屋や運河はもともと水害を防ぐための排水施設として建設された。運河には1万件以上ものハウスボートが停泊していて、電気、ガス、水道が通っているほか、住所も割り当てられている。

貿易に適した地形であり、ヨーロッパの大国に領有権を争われてきた歴史がある。1581年にスペインの支配下にあったオランダの北部7州がユトレヒト条約によって分離を宣言。1602年には東インド会社を設立し、三角貿易の実施により西洋随一の貿易大国として名を馳せる。

1810年のフランス革命に乗じてフランスに併合されるが、1815年にウィーン議会にて南北オランダの統一と独立を獲得。現在のオランダ王国となった。第二次世界大戦では中立の立場をとっていたが、侵攻してきたドイツに占領される。戦後はEUに加入し、立憲君主制の国となった。

オランダは手軽に行けるので2、3回行きましたね。

どういうところに行きました？郊外の風車の村とか？

ひろゆき　いや、アムステルダムしか行ったことがないです。運河がちょっと面白いよねっていう以外に特にないから、数日で飽きるんじゃないですかね。

高橋P　でも、いろんなものが合法じゃないですか。

ひろゆき　大麻合法とか？　でもヨーロッパは実質ほぼどこでも合法みたいなものですからね。イタリアとかも自販機で売ってたりするんで。

高橋P　大麻ですか!?　俺いつも思うんですけど、日本は大麻ダメじゃないですか。そんだけ海外でいいって言われてるのに、日本でいいって主張する人たちが偏見の目で見られるのってなんでなんでしょうね。日本ってなかなか不思議ですよね。もちろんやったらダメなのはわかるんですけど、ヨーロッパでそんなにOKなのにね。

ひろゆき　海外は海外、日本は日本っていう考えが強いんじゃないですかね。

高橋P　オランダってあと、売春も合法ですよね。

ひろゆき　安楽死も同性愛結婚も合法。「人間がやりたいと思うことは、人に迷惑をかけなければなんでもやらせよう」が基本姿勢なんだと思います。

高橋P　裏でやられるよりね。

パレードはパレードでも練り歩かないパレードって？

ひろゆき　行った時、たまたまアムステルダム・ゲイ・プライドをやっていて。すっごい大規模。街をあげてのお祭っていう感じで、あれはかなりおすすめですね。

高橋P　ゲイパレードですか？

ひろゆき　そうっす。だいたい世界中どこもゲイパレードだと道を練り歩くスタイルなんですが、アムステルダムのやつは運河で船に乗りながらのパレードなんです。性風俗産業の人たちが広告を出しながらやるんですが、売春宿とかが普通に広告を出してて面白かった。

高橋P　何通りでしたっけ。飾り窓のある。

ひろゆき　レッドライトディストリクト。いわゆる赤線通りですよね。そのパレードでは、そのエリアで店を出してる人たちもたくさん来ていて。

高橋P　まあなかなか他ではみられない光景ですよね。

ひろゆき　モンスターって飲み物あるじゃないですか。なぜかあれがみんなに配られるんですよ。多分スポンサーなんですよね。その日1日だけで、いろんな格好をしている人が見られるので、とにかく面白いです。

高橋P　運河沿いで見る感じですか？アムステルダムらしいなあ。

ひろゆき　そうです、そうです。普通パレードって自分たちも歩かなきゃいけないんですけど、アムステルダムの場合は、座っていれば全部目の前を船でスーッて通ってくれるから楽。なので、だらだら酒飲みながら見ることができて、楽しいんですよ。

高橋P　水辺で気持ちよさそう。

STAGE-LINK
WWW.STAGE-LINK.NL
JUST TELL!

RADIO
DECIBEL

エジプト・アラブ共和国

みんなピラミッドに神秘、求めすぎ！
スフィンクスの前に
フツーにピザハットあるからね。

基礎情報

面積　100万平方キロメートル（日本の約2.7倍）
人口　1億233万人（2020年）
首都　カイロ
通貨　エジプト・ポンドとピアストル
為替レート　1ドル＝約18エジプト・ポンド（2022年4月）
民族　主にアラブ人
　　　その他、少数のヌビア人、アルメニア人、ギリシャ人等
言語　アラビア語、都市部では英語も通用
宗教　イスラム教、キリスト教（コプト派）
主要産業　製造業、小売・卸売、農林水産業、不動産
名目GDP　3,631億米ドル（2020年／世界銀行）
一人当たりGDP　3,549米ドル（2020年／世界銀行）
経済成長率　3.6％（2020年／世界銀行）
物価成長率　5.0％（2020年／世界銀行）
失業率　7.9％（2020エジプト中央動員統計局（CAPMAS））

豆知識

北は地中海、東はスエズ運河と紅海、南西はリビア砂漠に囲まれている。第４次中東戦争で、イスラエルからシナイ半島の一部とスエズ運河の領有権を得た。2015 年には新スエズ運河が開通。この運河による利益は年間 70 億ドルとも言われ、大きな国益となっている。

北部にある世界最長の川・ナイル川沿いに世界四大文明の一つである古代エジプト文明ができた。この時代のピラミッドやスフィンクスといった世界遺産は観光業の要となっている。国土の 90%が砂漠で人が住める地域が限られている。

政治体制は非常に不安定。1871 年に軍事政権から共和制へ移行。1879 年にアメリカ仲介のもと、サダト大統領がイスラエルとの平和条約を結ぶ。2 年後の 1881 年にサダト大統領が暗殺。副大統領であったムバラクが大統領に就任、独裁体制が敷かれる。1911 年、ついに反政府運動が起き、ムバラク政権は崩壊。大統領選と憲法改正を繰り返し、現エルシーシ大統領のものと統治されている。

エジプトは、正直すげー詳しいわけじゃなくて、単に旅行で1回行っただけですからね。語れるのかな。

ツアーですか？

ひろゆき　はい、得意のHIS格安ツアー的なやつです。その後アラブの春で治安が悪くなっちゃって、なかなか行けなくなっちゃいましたけど。

高橋P　ああ、あのチュニジアで起こった民主化運動がアラブ諸国に広がったやつですね。じゃあ、2010年より前に行ったってこと？

ひろゆき　はい、そのちょうど前でした。王道の観光プラン。ピラミッド見て、スフィンクス見てっていう感じですね。

高橋P　ピラミッドはカイロから離れたところにあるんでしたっけ。

ひろゆき　カイロから6キロぐらいですかね。ギザっていう古代遺跡のまちにあるんですが、まちそのものはフツーに首都圏ベッドタウン的な感じ。「スフィンクスの前にピザハットがある」っていう話が有名で、まあそれを自分の目で確認しに行ったようなもんですね。

高橋P　ほんとにあるんですか？あれ。

ひろゆき　あります、あります。世の中に出回ってるスフィンクスの写真って、どれもスフィンクスの後ろに砂漠が広がっていて、ピラミッドがあってっていうやつですけど、あれ撮影する角度を調整しているだけで、実はすぐ近くにピザハットがあった。

高橋P　ほんとにあるんですね。都市伝説かと思いました。ケンタッキーとかいろいろあるって聞いたことはあるけど、まさかと思ってました。

ひろゆき　まあ、そういうのがあるのも分からなくはないですよね。結局人がいっぱい来るところなので、自然と観光客相手に商売する人も出てくるし、

まちもできるしっていう。至極当たり前の構造というか。

高橋P　まあ、こっちも幻想を抱きすぎなのかなあ。でも、行ったらがっかりするところって色々ありますよね。え？　マジか！　みたいな。個人的には万里の長城はすごいがっかりしました。人だらけで。

ひろゆき　ああ、まああれもねえ。

高橋P　でもちょっと待てよ。僕の場合、旅行に行くなら秘境で人がいないところに行きたいし、今まで見たことないものが見たいって思ってしまうんですけど、ひろゆきさんの行き先のチョイスってどういう心理から来ているんだろう。だって事前にピザハットがあるっていうのは知ってから行くわけじゃないですか。それってどんな感覚なんですか？

ひろゆき　まぁ、確認作業ですかね。スフィンクスより、むしろピザハットを見に行く感じ。

高橋P　むしろそっちが優先？

ひろゆき　「砂漠の中のスフィンクス」っていう世間一般が持つイメージと、「ピザハットが近くにあるスフィンクス」っていう都市伝説的な情報と両方を知っていて、実際に現地に身を置いてみた時に、そのどちら側の感覚になるのかっていうのを知りたいんですよね。

高橋P　どっちになったんですか？

ひろゆき　ま、こんなもんだよねっていう。角度の問題ってだけで、両方とも本当だったから。

高橋P　HISのツアーで行ってるっていうとやや平凡に聞こえますが、

実際ひろゆきさんのやってることは、やや貴族の遊び寄りですよね。一歩裏へ行ってますから。

ひろゆき　一般的には、「エジプト行くならスフィンクスだよね」だろうし、それが行く動機になるんだろうけど、

それ単体は実際に見ても写真で見るのとそんなに変わらないんですよね。なのでそれよりも、普通の観光メディアには載っていないもの、まちの人の動きだったり、物価だったり、地元の人たちはスフィンクスをどう見てるのかだったり。そういう周りの情報の方が割と好きだったりします。

高橋P　他に思ったことあります？

ひろゆき　エジプトは、もうピラミッドを観光化していかに金にするかっていうことしか産業がないと思うんです。昔のエジプト王家の墓がやたらとある、王家の谷っていうところがあるんですけど。

高橋P　ああ、ルクソールの。

ひろゆき　そこってカイロから電車で10時間ぐらいかかるぐらい遠いから人があんまり行く場所じゃなかったんですけど、お墓が発掘されるようになってから、観光客がめっちゃ来ちゃって。墓を見るごとに金を払わなきゃいけないんですけど、墓ごとに値段が違ったりするんです。有名な墓だといくらで無名な墓だとタダ、みたいな。そういう料金バランスとかも面白いなって思

いました。墓を発掘する苦労は同じなのにね。

群馬は日本のギザ、ルクソールになれるのか？

高橋P　今の話聞いてて思い出したんですけど。ひろゆきさんといえば、群馬と癒着しているって有名じゃないですか笑。その群馬って、実はエジプト並みの王族の墓王国なんですよ。実は東京の田園調布あたりから群馬まで、関東って古墳が多くあるんです。空から見てみるとよく分かりますよ。普通の民家の横にあったりして。エジプトの人がどうやって墓を観光資源化してるいるのか。その動きを見るのが面白いなら、群馬も古墳を観光資源化したほうがいいんじゃないですかね。

ひろゆき　へえ。ネットで見てみます。あー、ほんとだ。普通に前方後円墳とかあるんですね。

高橋P　めちゃめちゃあるんです、群馬って。一般的には奈良の箸墓古墳とかがよく知られていて、あと福岡もたくさんあるって有名じゃないですか。でも実は群馬にも強い豪族がいたっぽくって。これをひろゆきさんとプロデュースして、もう1回知事から金を引っ張るっていうのはどうでしょうか。

ひろゆき　古墳って上から見ると面白いですけど、行ってみるとただの単調な、こんもりした丘だったりするんですよね。

高橋P　古墳ってピラミッドと違って上から見ないといけないっていうデメリットはありますよね。

ひろゆき　中に入れないですしね。

高橋P　古墳の中に入れたらめっちゃ面白いですけどね。

ひろゆき　王家の谷とかピラミッドって中に入れるんで。

高橋P　なんでエジプトは中に入れて、日本の古墳はダメなんですかね。

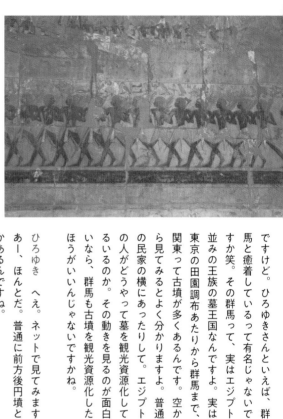

ひろゆき　金のためじゃないですかね。

高橋P　え、金？

ひろゆき　結局観光資源としていかに金を取るかなので。多分群馬の古墳は内部開放してもそんなにお金取れないし、その間に考古学的な価値のある何かが壊されるのも嫌だ、みたいな。あとちゃんとした古墳は宮内庁管轄になっていて入れないですよね。

高橋P　ちゃんとした古墳は今の皇族と繋がってるっていうのはありますよね。

ひろゆき　ちゃんとしていればしているほど、ガチで入れないっていう。

高橋P　そっか。じゃあ群馬はエジプトにはなれないですかねえ。

ひろゆき　やっぱり世界的に有名な遺跡じゃないとお金取れないですからね。

高橋P　エジプトは行ってみたいんですけど、行く機会がないんですよね。他に何か面白い記憶あります？

ひろゆき　ピラミッドってみんな同じ感想を持つんですけど、犬のしょんべん臭いんですよね。

高橋P　カビ臭いってこと？　ジメっ

としているから？

ひろゆき　いや、普通に犬がションベンをするんですよ。要はその、砂漠が暑いじゃないですか。で、ピラミッドの中に野犬とか野生動物が入るんですよ。そうなると、そりゃもちろん尿もするじゃないですか。で、砂漠の真ん中にあって水道設備とかもないから、水かけて掃除したくても掃除できないっていう。まあいいやっていうので、犬のションベンの匂いが永遠に蓄積され続ける。

高橋P　最近VRとかって、クオリティめっちゃ高いじゃないですか。旅番組で世界遺産とか扱ってるのを見てると行った気になりますけど、匂いだけはやっぱり難しいですよね。現地に行かないと。

ひろゆき　あ、でも技術的には再現可能なんですよ。実は。

高橋P　可能って言われつつも手軽ではないですよね。

ひろゆき　あと、可能だとしてもだいたい匂いって再現してもマイナスにしかならなことが多い気がする。ここの匂いすごくいいよねってプラスに感じるものって、ラベンダー畑とかくらい？　基本だいたいどこ行ってもクサいだけですよね。

高橋P　それを確認しに行くっていう作業は大事かもしれないですね。どんだけクサいかっていう。

ひろゆき　あークサいんだ。だからみんな長居したくないんだっていう。

高橋P　でも匂いって、クサいだけじゃないかも。オセアニアにあるソロモン諸島に行った時に、すごくキレイな草原があって。草の匂いとか土の匂いが、日本のそれと近いけどちょっと違う。その差異みたいなのって行かないと分からなくて、その匂いに感動したのを覚えています。

朝鮮民主主義人民共和国

商品を宣伝するって発想がないから街に広告看板がない。そういう意味じゃ美観の国。

基礎情報

面積　12万余平方キロメートル(朝鮮半島全体の55%)
人口　2,578万人(2020年)
首都　平壌
通貨　北朝鮮ウォン
為替レート　1ドル＝109.0北朝鮮ウォン(2020年)(韓国銀行推計)
民族　朝鮮民族
言語　朝鮮語
宗教　仏教徒連盟、キリスト教徒連盟等の団体があるとされるが、信者数等は不明。
主要産業
名目GNI　35兆韓国ウォン(2020年／韓国銀行推計)
一人当たりGNI　137万9000韓国ウォン(2020年／韓国銀行推計)
経済成長率　-4.5%(2020年／韓国銀行推計)
物価成長率
失業率

豆知識

金一族が3代にわたって治めている社会主義国。日本とは国交を結んでおらず、拉致問題が未解決のままになっている。

朝鮮半島北部と周辺の158の島を保有している。ミサイル開発や核実験に力を入れている軍事優先の政治が特徴。1973年に首都・平壌に地下鉄が開通。最も深いところで地下150mを通る。この造りはロシアや旧東ドイツにもあり、有事の際には核シェルターの役割を果たす。

3世紀末に氏族国家が成立。新羅、高麗、朝鮮、大韓帝国と朝鮮半島として国を築いてきた。大韓帝国時代、日清の間で結ばれた下関条約に基づき1905年より1945年まで日本の統治となる。第二次世界大戦で日本が敗北したことにより、1948年に朝鮮半島は北朝鮮(ソ連の管轄)と大韓民国(アメリカの管轄)に分離。1950年から3年間朝鮮戦争が続いた。停戦協定が結ばれ、軍事境界線である北緯38度線が定められた。北は中国、ロシアと接している。

北朝鮮でカメラ撮りっぱにしたら、めちゃくちゃ怒られましたよ。

そりゃ北朝鮮はそうですよ。ひろゆきさん北朝鮮に行ったことあるんですか！　なんで？

ひろゆき　なんか、アントニオ猪木さんが、北朝鮮にプロレスラーを連れて行くよっていうイベントがあって。その様子をニコニコ動画で取材するっていうテイで、会社のお金で行ってきました。

高橋P　へえ。いいなあ。そういうのって何泊くらいで行って何するんですか？

ひろゆき　5泊くらいはしたかな。北朝鮮には直接入れないから、まず北京に行って、北京の北朝鮮の大使館でビザをもらって、次の日に北朝鮮に行くって感じでした。まず最初に体育館か何かで、猪木さんの歓迎イベントみたいなのがあって、リハーサルがあって、本番があって。帰ってくる時も1回中国に行って乗り換えって感じで。北朝鮮って旅行者の泊まれるホテルは2つしかないんですよね。

高橋P　へー。

ひろゆき　街中にあるホテルなんですが、川の中洲にあって2本しかない道路が完全に封鎖されてる感じで。

高橋P　それって監禁されているようなもんじゃないですか。

ひろゆき　そう、夜に外に行こうとしてもどこにも行けないっていう。

高橋P　高級ホテルなんですか？

ひろゆき　北朝鮮にしてはすごく高級ですね。下の方にカジノみたいなのがあるんですけど、ディーラーの人もいないから何もできないっていう謎のホテル。

高橋P　観光もしたんですか？

ひろゆき　外国人は基本観光できないですね。勝手に移動しちゃいけなくて、移動する時は必ず通訳兼見張り役みたいな人と一緒じゃないとダメで。とはいえそういう人がいても基本自由にはできなくて、「今日はここに行ってください」って一方的に言われる。「え？こっちは無理なんですか？」とか言っても「無理です」って。

高橋P　そういう感じなんですね。僕も北朝鮮には行ってみたいけど、なかなかハードルが高いんでね。だから北朝鮮以外で、北朝鮮を味わえるところを巡るっていうのを趣味にしてて。国境の丹東っていう中国の街に行ったりね。そこから北朝鮮が見えるんですよ。

ひろゆき　マニアックですねえ。

高橋P　北朝鮮人が働いているレストランがあってね。美味しいんですよ。レストランといえば、社会主義国家って北朝鮮と国交があるじゃないですか。そういう国には北朝鮮国営レストランっていうのがあるんですよね。ラオスのそういうところに行った時も、キレイな北朝鮮の方がたくさん働いてました。そこをずーっと観光客のふりして撮って日本でオンエアしたら、局がなんか言われたみたいで、上の方がちょっとざわついてたっていうのを思い出しました。

ひろゆき　ああ、わかります。バンコクにもありましたよ、北朝鮮の人が経営してる店。

高橋P　へえ。バンコクにもありますか。

ひろゆき　北朝鮮政府経営ですごい美味しいんですけど、お客さんが全然いなくて。ダンスを見せてくれる人もいるからすごくお得なのに、お客さんがそんなにいないっていう。宣伝したいくらい。まあでも、ちょっと郊外なんですけどね。

高橋P　レストラン作るのに郊外っておかしいじゃないですか。他の目的がある施設としか考えられないですよね。

ひろゆき　まあまあ、キレイどころのお姉さんがいて、みたいな感じですよね。

高橋P　スパイっぽい。

ひろゆき　モスクワも北朝鮮が経営しているレストランがあって、そこはどういうわけか、けっこう繁盛していましたよ。

高橋P　じゃあ平壌はどんな感じでした？　普通に気になりますもん、北朝鮮って。

ひろゆき　北朝鮮籍の人は自由に動け

るんですけど、メディアは誰かの引率がないと動いちゃいけないっていう状態。街の外とかも撮ってても、兵隊さんの顔を映すと怒られて「削除しろ」って言われちゃう。あとは工作機械？とかもそこらへんもアウトでしたね。

高橋P　ああー。

日本語の通訳者、ジョンさんとの出会い

ひろゆき　通訳は普段なら通訳業の人とか旅行代理業の人がやるんですけど、その時はアントニオ猪木さんのツアーってことで、日本から40ー50人くらい行ったのかな。だから通訳の数が足りなくなっちゃってて。僕らについてくれたのは北朝鮮の大学で日本語を教えている先生。旅行業界の人じゃないから町案内とかは詳しくできるわけ

じゃないけど、とにかくめちゃめちゃ純朴でいい人だったんですよね。

高橋P　どんな人だったんですか？

ひろゆき　旅行代理店の人だと、ここまでは話してよくて、ここは話しちゃいけないって言うラインがきっちり分かってるんですよ。その仕事をずっとしてるわけだから。でもその人は、日本語学科の先生だから、言っていいことと言っちゃいけないことの区別がついていない。だから言っちゃいけないことをけっこうポロポロ喋ってくれるわけです。

高橋P　たとえば、たとえば？

ひろゆき　ジョンさんって言うんですけど、僕が「子どもが誕生日に何が欲しいって聞かれたら何て答えると思いますか？」って聞いたら「砂糖が欲しい」って言ったんですよね。甘いもの自体の量が限られていて手に入りにくいので、子どもが甘いものをいっぱい食べたいっていう夢を叶えさせてあげたい、って。それって北朝鮮的にはNGのはずなんです。だって砂糖が足りないっていうことを国外に知られてはならないから。なのにそれを言っちゃう。「ああ、言っちゃうんだあ」って思いましたよ。

高橋P　平壌の教師でさえ、砂糖が買えないってことかあ。

ひろゆき　観光地に行くと「好きにインタビューしていいですよ」って言われ？　そこにいる子どもたちは、すごく良さげな服を着ているんですよね。そういうことねーっていう。

高橋P　メディアが来る所だけ良さげな服を来た子どもを配置、みたいな？

ひろゆき　まあ、いたとしても、貧乏

そうな格好をしている人は基本撮っちゃいけないんですよね。

高橋P　ひろゆきさんって、そういうのわざわざ撮りそうじゃないですか。

ひろゆき　僕はバンバン撮って怒られたんですけど、怒っている人の目の前で、「あー、ごめんごめん。削除するよ」っていうシーンを見せて納得してもらいました。ちゃんと消したかどうかまでは確認しないんですよね。

高橋P　やっぱりそういうことしてるんだ。

ひろゆき　話を戻すと、ジョンさんいわく、家賃みたいなのがなくて、住むところが勝手に決められるらしいんですよね。「お前、大学の教師だからここに住め」みたいな。大学の教師にあてがわれたわけだからそれなりにいい場所のはずなんですけど、全然仕事をしていない謎な人がけっこう近所に住んでいる、みたいな。

高橋P　なんなんですか、それ。

ひろゆき　党の偉い人的なのの親戚とか、そんな感じみたい。

高橋P　そういう話をペラペラしちゃうんですか？

ひろゆき　言っちゃいけない話と言ってもいい話のラインが分かってないんだと思いますけど。わりと聞くと正直に答えてくれてたんで。『二十四の瞳』の話をずいぶんされたんですよね。日本語を学ぶ時の教材だったらしく。

高橋P　ええ！　何年前の映画だっけ？

ひろゆき　要は新しい素材が手に入らないんだと思うんですが、日本人はそれを知ってるのが当たり前だと思って話しかけてくるんですよ。でも僕は観たことがない。日本語はすごく上手いんですけど、実は民間の日本人と話すのは初めてって言われて。

高橋P　えっ!?

日本語の仕事をするモチベーションって?

ひろゆき　彼らは海外に行く機会が全くないんですよ。で、北朝鮮に旅行で来る人は、通常は旅行代理店の人が相手をするから、まあそうなりますよね。だからジョンさんも新しめの言葉は基本知らなくて、すごく礼儀正しい言葉遣いだったんです。

高橋P　昔の?

ひろゆき　昔の映画をずっと観て学んでるみたいでした。っていう話を当時ニコ動で色々話しちゃったんで、ジョンさんが粛清されてないといいなって思いますけど。

高橋P　それ、危ないですよ。

ひろゆき　すごくいい人だったから、心配。

高橋P　でも北朝鮮で日本語の先生って、スパイ養成以外の目的がなさそうじゃないですか。

ひろゆき　多分そうだと思う、実際問題。

高橋P　それ以外ないですよね。北朝鮮で日本語を教えるって。

ひろゆき　日本語のメディアを見て、内容を報告するっていう役回りの人はいると思うんですけど、それ以外の華やかな仕事に就く生徒はいないんじゃないかな。

高橋P　暗躍する系の仕事ですよね。

ひろゆき　結局頑張って働いてお金を稼ぐというモチベーションがないんですよね。北朝鮮って。いくらお金を稼

いでも買えないものは買えない。闇で買えるものもあるんでしょうが、ジョンさんはわりと正義感の強い人っぽかったので、闇で買えるお店は行かない気がする。ジョンさんの生きるモチベーションは、お金ではなくて、人にものを教えて喜んでもらうのが嬉しい、子どもたちが育つのを見ているのが嬉しいっていう、すごく純粋な気持ちのように思えたんです。勉強が好きだから日本語を勉強してるんだよ、みたいな。とにかく真っ当な人なんですよね。

高橋P　じゃあ、お砂糖がないっていう話はあったけど、悲壮感みたいなものは客観的に見て感じられなかったということでしょうか。

ジョンさんと接して見えてきた幸せの形

ひろゆき　比較対象がないから、彼らにとってみたらそれが普通。北朝鮮の中ではいい暮らしをしている方だから別に食い物に困るわけではない。わりと毎日穏やかに暮らしてるっていう感じですかね。

高橋P　ひろゆきさんから見て、へえ、こういう価値観ってあるんだと思ったこと、ありましたか？

ひろゆき　北朝鮮のまちって看板というものが一切ないんですよね。

高橋P　広告的なこと？

ひろゆき　はい。広告を打つ必要性がないので。

高橋P　配給ですもんね、基本。

ひろゆき　ジョンさんが、他の国のまちって、いびつというか汚いというか乱雑だよねっていうような表現をしていたんです。言われてみると東京とかって看板だらけでごちゃごちゃしてるじゃないですか。北朝鮮にはそれがないわけだからまちがキレイ。なるほど、確かになーって。

高橋P　そうかもしれないな。

ひろゆき　パリは看板が違法なのでなくて景観を重視している。そうすると外国人が「キレイなまち並み」って言ってお金を落とすんですよね。

高橋P　ジョンさんは何歳ぐらいの方なんですか？

ひろゆき　32歳とかだったかな。

高橋P　え!?　話聞いてて、だいぶおじさんだと思ってました。

ひろゆき　いやいや。細身で、日本でもこういうタイプの理系の先生いるよね～って感じの、若い人でした。

高橋P　北朝鮮って、思ってたより穏やかに取材できそうでいいですね。

ひろゆき　1回、すげー揉めましたけどね。

高橋P　どうもめたんですか？

ひろゆき　博物館に行った時に、サイン帳みたいなのがあって書けって言われて書いたら、他の人が書いてるページだったんですよ。ひとり1ページなんて知らんがなって感じだったんですけど怒られて。あと、どっかの会社の人からキャノンのカメラをもらったって北朝鮮の人が自慢げに言ってたんですが、機種がそんなに大した機種じゃなかったから、「それ安いやつだよ」って言ったら、めっちゃ揉めたんですよ。「最高級のおもてなしをしようとしてるんだったら、普通その機種はプレゼントしないよ」って言ったら「気持ちじゃないんだ、金の金額じゃないんだ」って揉めて。「いやいや、本当に最高のおもてなしをしたいんだったら、絶対にそれは送んないよ」って言ったんですけど、理解してもらえなかったですね。

高橋P　北朝鮮の人は、そういう毒のあるイジリとか、通用しなさそうですもんねえ。

ひろゆき　ガチで怒ってました。

高橋P　北朝鮮ってバラエティ番組とかってあるんですかね。

ひろゆき　ないんじゃないですかね。テレビは基本ニュース番組しかないんじゃないかなあ。まあ、外国人用のホテルだと現地のテレビは見ることができないから、本当のところは分かりませんが。まあでも、娯楽はあまりないけど、ジョンさんとは毎晩飲んでたから、楽しかったですよ。

高橋P　いいなー。ちなみにジョンさん、酔うと口が軽くなるとか？

ひろゆき　多少は軽くなりますけど、酔ってなくても同じです。言っちゃいけないことがあるなんて思ってない人なんで、割と普通に聞くとなんでも言ってくれるんですよね。しかも学校の先生だから教えるのが好きなわけじゃないですか。質問すると色々答えてくれるっていう。ほんと、とにかくいい人で。

高橋P　怖いですよね。そんないい先生の前に、ナチュラルにスパイが座ってたら。

ひろゆき　日本語を教えているだけだから、その後その子が何をやるかは別に知らんよねっていう感じだと思いますけどね。

北朝鮮の食べ物事情と暮らしぶり

高橋P　へえ、面白いですね。ところで北朝鮮の食事ってどんな感じなんですか？

ひろゆき　うーん。ある程度決められたコースだったからなあ。あ、でも、今まで食べた冷麺でいちばん美味しい冷麺は北朝鮮の冷麺でしたね。

高橋P　そんなにうまいんですか？

ひろゆき　冷麺って、どんぐりの粉が入ってるじゃないですか。どんぐりって養殖できないんですよね。まあどんぐりってそんなに美味しくないからわざわざ養殖しないんだと思うんですけど。で、どんぐりの粉って手に入れるのがめんどくさいから、あんまり量が入ってないんですよ。でも北朝鮮って人件費がめっちゃ安いので、多分どんぐりの粉の含有率がかなり高いんだと思うんですよ。だからか、今まで食べた冷麺とは違った感じの味で美味しかったっていう。

高橋P　じゃあ、北朝鮮の方がどんぐりがたくさんあるってことですね。

ひろゆき　韓国ってなんでも辛くするけど、北朝鮮って辛いのもあるけど辛くないのもある。電気が高いので、冷蔵庫がそんなに普及していないのもあって、野菜も本当に新鮮。そのまま切って食うっていう感じなんですが、なんでもだいたい美味しいんですよね。

高橋P　何日も保存できないから、採れたてを食べるっていう。でも意外だな。北朝鮮って料理が美味しいんですね。あんまり美味しくなさそうなイメージを持ってましたけど。

ひろゆき　バンコクに北朝鮮国営レストランがあるので、興味のある方はぜひそっちに行っていただいて。

写真に写してもいいまちと、写しちゃいけないまちがある

高橋P　ちなみに北朝鮮でうっかり見ちゃいけないものを見ちゃったとかなかったんですか？

ひろゆき　見ちゃいけないというよりも、撮っちゃいけないものはありますよね。

高橋P　なんですか？

ひろゆき　軍事施設は基本的に勝手に撮っちゃいけないんだけど、軍人の顔も撮影しちゃいけないんですよね。

高橋P　あー、はいはい。

ひろゆき　まちも写していいまちと、写しちゃいけないまちがあったり。

高橋P　え？　どこですか？

ひろゆき　白頭山っていうけっこう有名な観光地があるんですけど、そこがダメでした。紙芝居にもなったところでもともとは中国の土地。で、そこまでの景色は一切撮ってはいけないと言われました。

高橋P　何があるんですかね。

ひろゆき　何もないが正解ですよ。平壌とかはある程度お金をかけてあるから、「ああ、昭和な感じだけど、ビル

もあるし、キレイな建物もあるよね」って外国人が見てもそれなりの暮らしをしているように見える。でも白頭山はインフラが通ってない東南アジアみたいな感じって言えばいいのかなあ。壊れた廃屋のレンガなんかを使って、再利用して無理やり建てたような掘立小屋があるだけ。すでにボロボロなところに、服なのか布なのかわからないようなボロボロなものがかかってる。東南アジアとか中国の農村にありがちなあの風景になっているから、どうやらそれを海外に紹介されたくないらしく、一切写しちゃいけないって。

高橋P　そんなひどい景色なわけじゃないですもんね。アジアでよく見られるような景色だったら。

ひろゆき　あ、でも他のアジアの国だとプラスチック製品があったり、服だってTシャツとか着てたりするじゃないですか。そういうのがないんですよね。昭和初期ぐらいなレベル。そのまま映像撮影して「100年前のアジアです」って言って見せても分からないかもしれない。電線とかもないんで。

高橋P　電線がない!?

ひろゆき　だから、多分電気が来てないんですよ。

高橋P　ああ、それなら景色はキレイなんですよね。

ひろゆき　うーん、なんだろね。そもそも植物の育ちがよくないのと、食べちゃってるからなのか分からないですけど、行った時はあんまり植物が多くないイメージでした。荒地に廃屋みたいなのがあって、人がちょこちょこいる、みたいな。

高橋P　めっちゃ面白いですわ。ひろゆきさん、家でゲームしてダラダラするのがお好きのに、なんで北朝鮮とかに行きたいって思うんですか？

ひろゆき　見たことがないものは、見てみると楽しいんじゃないかなと思って見てみる。それだけですね。

高橋P　そういえば変なところに行くのが好きって言ってましたよね。この世から消えちゃいそうなところが好きって。行ってみたら楽しいことが多いですか？

ひろゆき　そうですねえ。自分の知らないものを見ると好奇心が満たせるというか驚きがあるから、なんか面白いんですよね。

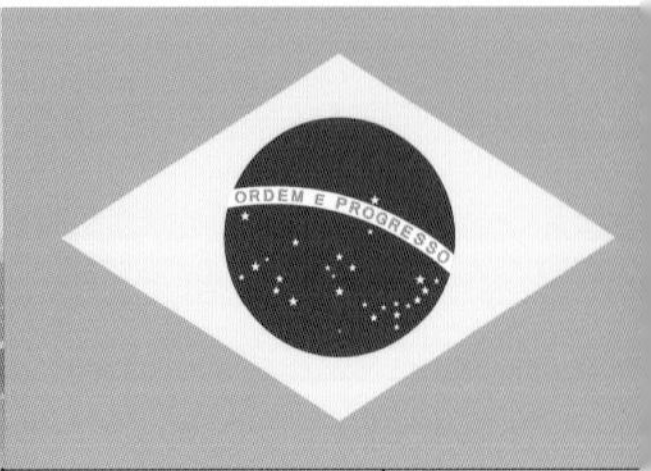

ブラジル連邦共和国

でっかいスラム街があったり、でっかいキリスト像があったりするカオスな国。

基礎情報

面積　851.2万平方キロメートル（日本の22.5倍）
人口　2億1,400万人（2021年）
首都　ブラジリア
通貨　レアル
為替レート　1ドル＝約5.39レアル（2022年9月29日現在）
民族　欧州系（約48%）、アフリカ系（約8%）、東洋系（約1.1%）、混血（約43%）、先住民（約0.4%）（ブラジル地理統計院、2010年）
言語　ポルトガル語
宗教　カトリック約65%、プロテスタント約22%、無宗教8%（ブラジル地理統計院、2010年）
主要産業　製造業、鉱業（鉄鉱石他）、農牧業（砂糖、オレンジ、コーヒー、大豆他）
名目GDP　1兆6,089億米ドル（2021年／世界銀行）
一人当たりGDP　7,518米ドル（2021年／世界銀行）
経済成長率　4.6%（2021年／ブラジル地理統計院）
物価成長率　-0.68%（2022年7月、前月比、ブラジル地理統計院）
失業率　9.1%（2022年5～7月の3か月平均、ブラジル地理統計院）

豆知識

南アメリカ大陸のおよそ50%を国土とする。北部と南部に分けることができ、北部は国土の35%を占めるアマゾンの熱帯雨林があり、先住民族が暮らす。世界で2番目に長い川・アマゾン川の豊かな自然には1000万種もの動植物が生息しているといわれる。映画『アナコンダ』のモデルのオオアナコンダの生息地でもある。南西部にはアルゼンチンとパラグアイと国境を分けあう世界遺産のイグアスの滝がある。

1500年よりおよそ300年にわたりポルトガルの植民地であった。1822年ポルトガル王国のペドロ王子はコーヒープランテーション経営者たちの指示を受け、ブラジル帝国として独立。アメリカ南北戦争の影響を受けて、ブラジルでも黒人奴隷の売買や使役が廃止される。1889年の無血革命により共和制へと移行。1891年に憲法改正が行われ、現在のブラジル 連邦共和国となる。1964年以降は軍事政権となり、1960年に新首都としてブラジリアが建てられた。1985年に民生化が果たされた。主要産業はコーヒーの豆の栽培であり、世界市場の3分の1のコーヒーがブラジル産である。

ひろゆきさん、南米って行ったことあるんですか？

ブラジルは行きましたね。

高橋P　リオデジャネイロですか？サンパウロ？

ひろゆき　リオの方です。普通に。

高橋P　いいなあ。カーニバルとか見ました？

ひろゆき　あれって、イースターあたりだから2月から3月なんですよね。タイミングがなかなか合わなくて。肉断ち期間に入る前の、飲んで食べての大騒ぎができる無礼講期間ってことだから、騒ぎっぷりがすんごいみたいなので、気になってますけど。

高橋P　4日間でわざわざそこめがけて行く旅行者が150万人くらい。国内の動員も合わさせると500万人って聞いたことがある。阿波踊りも負けちゃいられないですね。他はどんな所に行きました？

ひろゆき　あとはコンコードの丘にある巨大なキリスト像とか見に行ったり、コパカバーナビーチに行ったり。リオといえばここ！っていう、いわゆるところに行きながら、人間観察してニヤニヤしてました。

高橋P　ブラジルは日本からの移民が多い国ですよね。

ひろゆき　日系移民はサンパウロの方が多いイメージですけど、リオにもいましたよ。

高橋P　日系移民と言えば思い出すのが、パラグアイの日本人村。イグアスの滝ってブラジル側にもありますけど、僕が行ったパラグアイ側に日本人集落

があって、マジで完全に時間が昭和で止まってるんですよ。日系移民の皆さんって本当に苦労してる人多いじゃないですか。あっちに行ったら土地がもらえるとか言われて行ったけど、結局もらえなくて、とか。でも僕が会った人たちは、現地で納豆を作ったり干物を作ったりして暮らしていて、昔の方言遣いながら逞しく生きていました。

ひろゆき　じゃあまだ普通に日本語を喋って暮らしてるんですね。

高橋P　喋ってますね。南米に日本人村っていくつもあると思うんですけど、イグアス近くのその村は、フツーに日本語をみんなが喋っていて、神社とかもあって。あんまり観光で行くようなところじゃないですけど、締め付けられるような気持ちと、昔の日本を味わえる喜びとで、なんだか情緒がめちゃくちゃ揺さぶられた記憶があります。金が無限にあったら、ひろゆきさんを連れて行きたいぐらい。

ひろゆき　なんかその話聞いてると、勝ち組負け組とか、そこらへんが関係していそうですね。

高橋P　どういうことですか？

ひろゆき　ブラジル移民の間で、日本は戦争に負けたって言ってる人たちと、勝ったって言ってる人たちが、めちゃくちゃ揉めたんですよね。

高橋P　えー、それは情報が全く来ないからですか。

ひろゆき　はい。あとは情報が回ってきたとしても信じないっていうのもあったんじゃないですか。

高橋P　横井正一的な人ですね。でもそれを乗り越えてきた人たちの成功している様子とかって胸を打たれるんで

すよね。何を味わいたんだろう、俺。辛いのかな。だから苦難乗り越えた人が好きなのかな。

ひろゆき　苦難を乗り越えただけだったら、普通に日本の偉人の話とか調べればいいじゃないですか。遠くの方にある日本人村って基本みんな失敗した人なわけですよねえ。成功した例として出されるわけじゃなくて、こんなところで苦労して、今でも苦労して暮らしてますっていう。そこを上から見たいんじゃないですか？

高橋P　そういうやべー心理なんですかね。人を見下して楽しみたい、みたいな。ないとも言い切れない気もしますが。

ひろゆき　自分も一歩間違えたらそうなったかも、みたいな感じを味わうってのはありますけどね。

高橋P　絶対ないとはいえないですけどね。でも俺、やっぱ単純に頑張ってる人の姿が結構好きで。スラム街を取材するのが好きなのも、同じ理由です。

ひろゆき　ブラジルにもファヴェーラっていうでっかいスラム街がありましたよ。

高橋P　ああ、有名ですよね。丘の傾斜にある貧民街。ギャングの抗争が絶えず行われてるイメージがあります。

ひろゆき　オリンピックの後は行ってないからどれだけ変わったかは分からないけど、まぁ危険は危険ですよね。ブラジル警察も、特にカーニバルの時期は、観光客を狙った犯罪には警戒しているから、リオ・ブランコ通りとか、イパネマ・コパカバーナビーチとか、みんなが行くようなところはそれほど危険じゃないけど、観光客がファヴェーラに行って犯罪に巻き込まれたっていう話は、割と耳にしますから。

ミャンマー連邦共和国

クーデターとか起こるし大変そうなんだけど、謎にみんな笑顔。ヘタな先進国よりみんな幸せそうに生きてる。

基礎情報

面積　68万平方キロメートル（日本の約1.8倍）
人口　5,141万人（2023年1月時点）
首都　ネーピードー
通貨　チャット
為替レート　1ドル＝1320.9チャット(中央銀行レート)(2020年12月1日)
民族　ビルマ族（約70%）、その他多くの少数民族
言語　ミャンマー語
宗教　仏教（90%）、キリスト教、イスラム教等
主要産業　農業、天然ガス、製造業
名目GDP　約772億ドル（2020／21年度、IMF推計）
一人当たりGDP　1,441ドル（2020／21年度、IMF推計）
経済成長率　5.7%（2020／21年度、IMF推計）
物価上昇率　6.2%（2020／21年度、IMF推計）
失業率　約4.0%（2020／21年度、IMF推計）

豆知識

東南アジアに位置し、中国、ラオス、タイ、インド、バングラデシュと接する。南西はベンガル湾、南はアンダマン海に面している。諸部族割拠時代を経て11世紀半ば頃に最初のビルマ族による統一王朝（パガン王朝、1044年～1287年）が成立。タウングー王朝、コンバウン王朝等を経て、1886年に英領インドに編入され、1948年1月4日に独立した。イギリスから独立した1948年から1989年までの国名はビルマ連邦、通称ビルマ。1988年より軍事政権による統治が続いていたが、2011年に文民政権が発足し、民主化と経済改革が進んでいる。約5,000万人の人口のうち、ビルマ族が約70%、仏教徒が多数を占めている。ミャンマーの人口の13%が僧侶で占めていると言われており、約800万人もの僧侶がいることになる。

一般的に姓は持たず、必要な時には両親いずれかの名と自分の名が併用される。便宜的に自分の名の一部を姓として使用する者がいる。名前をつける時、生まれた曜日によって頭文字を決める。ビルマの七曜制や月の名前、土地の名前をとることが多いので、同じ名前の人が多い。姓を持たないため、結婚しても人名が変わることはない。

ひろゆきさん、YouTubeでもよくミャンマーの話していますよね。どんな印象を持ってますか？

ミャンマーですか。割と好きですよ。単純にメシうまいですしね。タイ料理みたいに辛くなくてサラダっぽい料理が多くてヘルシー。

高橋P　確かにマイルドですよね。大学があった高田馬場ってミャンマー料理の店が多いんです。最近はさらに東に移って巣鴨あたりにミャンマー人がいっぱいいると聞きました。みんな、知り合いのツテで引っ越してくるからあっという間にコミュニティができるんですよね。

ひろゆき　そういえば以前YouTubeで、こんな質問がありました。「今現在クーデター中で、軍の装甲車がバンバン通ってて。しかも先日軍の恩赦でたくさん犯罪者が保釈され、近所が大賑わいです。米軍はタイの沖合で待機している状態です。これはそろそろ日本に帰国した方がいいっすよね。ひろゆきさん、ミャンマーの日系企業は今後そうすべきだと思われますか？」っていう。映像を見たらすごかった。恩赦だ～っていって政治犯を釈放。刑務所からついでに「絶対お前釈放してないだろう」っていう人たちまで柵を乗り越えて大勢逃げ出してるのを見て、すげえ、って。でもミャンマーは元々軍政だから民衆に対して弾を打つことはない。軍とアウンサンスーチーさん側の党が単なる政治的な争いをやってるって話。多少治安が悪くなって、「殴られました～」とか「金品取られました～」っていうのはあるかもしれないけど、命の危険までは……だから「その時だけひきこもって外に出ないようにすればいいのでは？」って答えました。

デモ自体、僕は無意味だと思っています。

高橋P　民主主義、取り戻せるんですかねえ。

ひろゆき　う～ん。時間の問題で一応落ち着くとは思うけど、落ち着いたものが本当に民主主義なのは微妙。東南アジアは特に、投票に嘘がない国の方が少ない気がするから。ちなみに、デモ自体、僕は無意味だと思っています。抗議をしても仕方がないんですよね。だったらデモをしている１０００人なら１０００人が、国軍クーデターに寄付した方がよっぽど効果がある。１０００人が２時間デモをしたとします。時給１５００円で３０００円。１０００人で３００万円。それをＮＰＯで活動している人に、「これをあなたにあげるからミャンマー国軍として活動してきて！」ってした方が効果がある。デモよりそっちにリソースを使った方がいいと思う派なんです。

高橋P　確かにコスパとタイパ、悪いですもんね。

ひろゆき　デモをやっている人って、いいことをしていると思って満足している人が多い気がするんです。本当に解決するには何をすればいいのか。デモをしていることを日本の政治家にアピールして行動を起こしてもらおうということなのかもしれないけれど、そんなことでは政治家は動きません。ミャンマー赴任中、デモの場面に居合わせる。僕だったら「やった、いい経験できた！　ラッキー！」って思っちゃいますけどね。

高橋P　めっちゃポジティブですね。

ひろゆき　まあ、僕がミャンマーに行った時にネガティブな印象を持たなかったから、余計にそう思うのかもしれません。10年以上前に、ラウェイっていうキックボクシングが見たくて旅行に行ったんですが、その時のエピソードを繰り返しいろんな人に伝えているんです。その頃のミャンマーは経済制裁を受けていて、クレジットカードが使えなかった。観光目的で入るのもかなり難しくてビザがないと入れない。当初3人で行くはずだったんですが、1人が編集者だったので、申請する段階で「編集者ってことはジャーナリストですよね。ジャーナリストはミャンマーには入れません」って言われて。結局2人でミャンマーに入りました。滞在中、暇だったのでホテルの周りを散歩してたんですよ。そしたら周りのおっちゃん達が巻きスカートみたいなのを履いていていいなあって。

高橋P　ああ、ロンジーっていうらしいですよね。

ひろゆき　それを買いにふらふら市場まで行ったんです。そしたらあるおっちゃんに「何してるの？」って聞かれたので「スカートみたいなのが欲しいから探してる」って言ったら「じゃあ、紹介してあげるよ」って。でも観光地で声かけてくる人って、結局自分の知り合いの店で買わせて後でキックバックをもらうパターンが多いから、そのおっちゃんもきっとそうなんだろうなと思ってちょっと警戒。紹介してもらったお店にあんまりいいのがなかったから「う〜ん、ここはいいかな」って言ったらすぐに引き下がった。キックバックもらってる人は結構食い下がってくるんですけどね。でもすぐに、「ああなるほど。知り合いの店がたくさんあってどこで買ってもキックバックもらえるパターンか」と思い直して、引き続き警戒してたんです。でも結局どこのお店でも買わなかった僕らに対して全く態度が変わらなかった。

高橋P　へえ、観光地化が進んでいる

国だったら、そんなのありえないですよね。

ミャンマーってお茶っぱを食べる文化とかあって

ひろゆき　その後、「じゃあホテル帰るね～」って立ち去ろうとしたらたまたまタバコみたいな葉っぱが路上で売ってたんです。なんだろうと思って僕らが見ていたら「ああ、これ。野生のタバコ的な葉っぱだよ。吸ったことある？　試してみたら？」って。あ、もちろん大麻とかじゃないですよ。ミャンマーってお茶っぱを食べる文化とかあって、葉っぱも嗜好品なんです。で、結局おっちゃんがその葉っぱを買って僕らに手渡してくれた。「へえ、くれるんだあ。でもこれ奢ったから後でなんか返せってことかな」と引き続き警戒。その後一緒にお茶する流れになったから、「あ、なるほど。お茶を奢らせてチャラにするんだな」と勘繰った。一緒にお茶しているうちに、いろんなことがわかってきた。普段は観光業をしている人だということ。でもその日は休みだということ。ミャンマーは軍事政権だからあまり他の国から観光客が来ないこと。でも世界中から観光客が来るようないい国にしたいと思っていること。帰り際に「ここは僕が払うね」って言ったんですが、まだまだ「いいよ、いいよ。僕が払うよ」って。結局お茶代も払ってくれた。おそらく年収100万円もないであろうおじさんにここまでしてもらうとは。「どうしてそこまでのことを？」って聞いてみたら、「ミャンマーに来ていい思いをしたっていうことを、日本に帰ったら友達に話してほしいんだ。そうしたらその人達もミャンマーに来たいって思うかもしれないでしょ？」って。だから僕、それ以来10人以上の人にこの話をしているんです。

ジンバブエ共和国

アドレナリン体験で言うと地球全体で考えてもかなり上位に入る滝がある国。

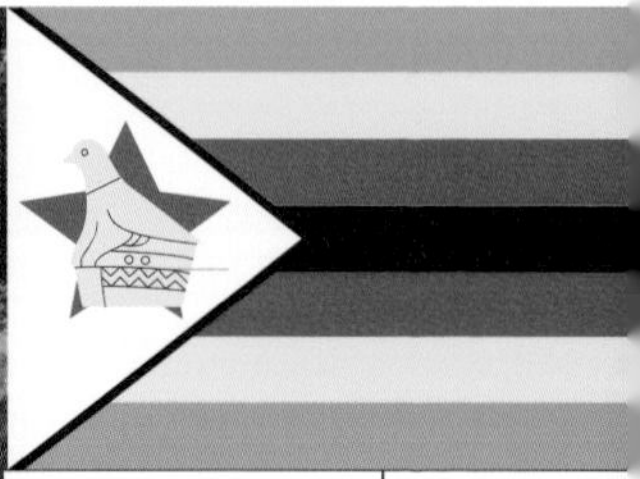

基礎情報

面積　38.6万平方キロメートル（日本よりやや大きい）
人口　1,465万人（2019年／世界銀行）
首都　ハラレ
通貨　ジンバブエ・ドル
為替レート
民族　ショナ族、ンデベレ族、白人
言語　英語、ショナ語、ンデベレ語
宗教　キリスト教、土着の伝統宗教
主要産業　農業、鉱業、観光業
（農）たばこ、綿花、園芸
（鉱）プラチナ、クローム、ニッケル、金、ダイヤモンド
（観光）ビクトリアの滝やグレート・ジンバブエ遺跡等、世界遺産5か所
名目GNI　204億米ドル（2019年／世界銀行）
一人当たりGNI　1,390米ドル（2019年／世界銀行）
経済成長率　-8.1%（2019年／世界銀行）
物価成長率　255.0%（2019年／IMF）
失業率　5.0%（2019年／世界銀行）

豆知識

カランガ族のモノモタパ王国、ロズウィ族のマンボ王国が繁栄。世界遺産にもなっているグレート・ジンバブエをはじめとする石造建築が有名。

1889年よりイギリスの植民地となる。現在のジンバブエ、ザンビア共和国、マラウイをまとめローデシアと呼ばれた。流入した白人層のイギリス本土に対する反乱により、1965年にローデシアとして一方的に独立。人種差別政策が推進された。70年代に入ると先住民層で民族独立の機運が高まり、次第に運動は激化。3万人にものぼる死者が出た。イギリスの調停のもと1980年に国民総選挙が行われ、黒人政権のジンバブエ共和国が誕生。

共和国以来、ジンバブエドルを発行。あわせて旧支配層に対する土地の強制収容を法律化。農業生産が崩壊し、物資不足を招いた。インフレーションが加速していく中、通貨を発行し続けたため、ハイパーインフレーション化。インフレ率は35万%とも最大2億%になったとも言われている。

アフリカ大陸だと、エジプト以外で行ったことがあるのはジンバブエ、一瞬タンザニア、南アフリカですかね。

どんな印象ですか？

ひろゆき　アフリカに行くと基本みんな牛肉食べないですよね。

高橋P　そうでしたっけ？

ひろゆき　食べました？

高橋P　そういえば、食べた覚えはないです。

ひろゆき　あっちでいう牛肉って野生の牛だから、めちゃくちゃ硬いんですよ。

高橋P　まずいのか。

ひろゆき　はい。なので、基本牛肉は食わないっていう。

高橋P　じゃあ、アフリカの人って何食べてるんですか？

ひろゆき　鶏肉が多かったですね。

高橋P　ふーん。あっ、思い出した。フライドチキンめっちゃ食べますよね。

ひろゆき　まあ、牛が硬いしおいしくないし。鳥は安いし柔らかいしっていうので。ちゃんとしたレストランだと、ちゃんとした家畜としての牛肉っていうのを外国から輸入してると思うんですけど、安っぽいところに行くと基本的に硬い肉しか出てこないっていう。

呼び名が2つある世界三大瀑布のうちのひとつ

高橋P　ジンバブエって何があるんですか？

ひろゆき　うーん。まあ、僕たちが行ったのは、国立公園と滝ですけどね。

高橋P　滝ってヴィクトリア・フォールズ？

ひろゆき　そうそう。ナイアガラ、イグアスと並んで世界三大瀑布って言われてるやつ。ザンビアとの国境にあるんですが、ジンバブエでは「ヴィクトリア・フォールズ」って言われててザンビアでは「モーシ・オワ・トゥーニャ」って言われてます。

高橋P　もーし?

ひろゆき　モーシ・オワ・トゥーニャ。現地の言葉で「雷鳴轟く水煙」っていう意味だそうです。

高橋P　迫力ありそう。

ひろゆき　落差と両面から見た滝の規模とか増量した時の水量とかが、イグアスと並んで世界最大みたいですよ。その近くのザンベジ川にかかる鋼鉄の橋からみんなバンジージャンプするんです。

高橋P　怖そっ!　わざわざそんな怖い体験しに来るの?　みんな。

ひろゆき　アドレナリン体験で言うと地球全体で考えてもかなり上位に入るんじゃないかな。まあ、僕たちは近くから見てただけだけど。無理ですよ。あんなの。だって高さ111メートルですもん。

高橋P　ロープが切れることを想像してしまう。

ひろゆき　オーストラリアの女性が飛んだ時1回切れたらしいですよ。奇跡的に助かったみたいだけど。

高橋P　おっかなすぎる。

ひろゆき　自然体験は怖いのだけじゃない。国立公園に沈む夕陽や夜景もなかなか日本では見られない光景。見渡す限り、地平線。他に何にもないんだから、どんなにひねくれものでも感動しますよ、その存在に。

中華人民共和国

いろんな国と隣接してるから味わえる、国境沿いエリアの底知れぬ面白さ。

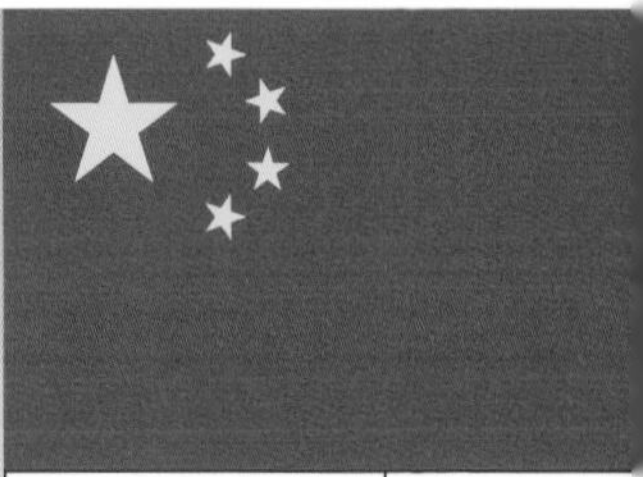

基礎情報

面積　960万平方キロメートル（日本の約26倍）
人口　14億人
首都　北京
通貨　人民元
為替レート　1ドル＝約6.4元（2021年12月末／中国国家外国為替管理局）
民族　漢民族（総人口の約92％）及び55の少数民族
言語　中国語（公用語）
宗教　仏教・イスラム教・キリスト教など
主要産業　第一次産業（名目GDPの7.3％）、第二次産業（同39.4％）、第三次産業（同53.3％）
名目GDP　約114兆3,670億元（2021年、中国国家統計局）
約17兆4,580億ドル（2021年、IMF（推計値））
一人当たりGDP　約80,976元（暫定値）（2021年、中国国家統計局）
約14,096ドル（2021年、IMF（推計値））
経済成長率　8.1％（2021年／中国国家統計局）
物価成長率　0.9％（2021年／中国国家統計局）
失業率　5.1％（都市部調査失業率）（2021年／中国国家統計局）

豆知識

国の成り立ちは黄河と長江の間に生まれた古代文明・殷である。この時代に漢字の祖形である甲骨文字が使われた。その後、戦乱の時代に突入。各国で農耕、貨幣、儒教が発展。武力だけでなく、経済や思想の面でも国力を競った。BC221 に秦がはじめて統一国家を築いた。1911 年の辛亥革命で清朝が倒れるまで、4000 年にわたり皇帝が治め続けた。1949 年に共産党が社会主義国家として清王朝の領土をほぼそのままに建国。毛沢東による文化大革命（1966 年ー1976 年）が行われ、結果的には市場経済を取り入れた現在の体制が作られた。

1980 年以降は鉄鉱石や石炭などの産業資源で経済が発展。IT 企業の成長も著しい。e スポーツに早い段階から国として力を注いでおり、2003 年に正式なスポーツ競技として認め、2019 年にはプロゲーマーを肩書きとして公認した。国としてプロゲーマーを支援する施策を打ち出しており、10 億円単位の賞金が出る大会もある。強豪国ランキングでは常にトップ 3 に入る実力を持つ。

中国は結構攻めたんですか？

あんまり攻めてないですよ。でも、知り合いに連れて行ってもらって、変なところはいろいろ見ましたけど。

高橋P　地域は？

ひろゆき　西湖のあるところとか。

高橋P　西湖っていうと蘇州とか広州とか。

ひろゆき　そうですね、杭州、あとは蘇州、広州あたり。一緒に行った知り合いがパソコン屋さんで、そのあたりでいろんなパーツ工場を巡るっていうので便乗したんです。2週間ぐらいずっと、工場の従業員が給料いくらっていうのを聞いたりして。

高橋P　俺、中国の杭州の方に行った時、なんかムカついたんだよな。龍井ってあるじゃないですか。中国の静岡みたいな、お茶の聖地。杭州に行ったから、近いからって軽く龍井に行ってお茶を買ったら、すっごいぼったくられたんですよ。

建極綏猷

世界人民大团结万

ひろゆき　まあ、高いですね。でも、龍井茶はいいやつは結構美味しくないですか？

高橋P　美味しい。手間かかっててね、煎ったりして。まあもともとそれなりの値段はしますけどね。中国も掘ると結構深いですよね。

ひろゆき　掘り始めたら相当じゃないですか。まあ、中央アジアの方とかもありますからね、モンゴルとか。あと北朝鮮沿いは朝鮮族とかも住んでいるから面白い。

中国はいろんな国と接しているから、国境の近くが面白い

高橋P　妻と結婚する前、デートで大久保にある朝鮮族の中国人がいるところに連れて行ったんです。チマチョゴリを着た店員さんが昔の朝鮮料理を出してくれるんですけど、ガチすぎて奥さん怒ってました。

ひろゆき　なんで怒るの？　辛いから？

高橋P　なんかガチすぎて。女の子って韓国料理好きじゃないですか。俺も中国料理好きだから、両方食べられた方がいいと思ったから連れて行ったんですけどね。

ひろゆき　あー、日本人の好みとは全く違うものが出てきたっていう？

高橋P　メニューも漢字しかない、みたいな。まあ、その時は怒られたんですけど、旅行で行くなら北朝鮮沿いはすごく得だなって思います。韓国料理もうまいし、冷麺もうまいし、中華料理もうまいし。あそこは楽しかったですね。北朝鮮のものもいっぱい買えますしね。

ひろゆき　へえ。そういう場所があるんですね。

高橋P　まあ、川の向こうがもう北朝鮮ですから。

ひろゆき　僕は工場ツアー以外は、北京とか香港とか上海とか、普通の所しか行ってないですよ。あ、あと大連。

高橋P　他にひろゆきツアーズに入れてほしいのが、パキスタンと中国の国境にあるフンザ。風の谷のナウシカのモデルになったっていう場所があって。みんなナウシカみたいな格好してるんですよ、女の子が。

ひろゆき　へー。確かに、中央アジア系の格好ですよね、あれ。

高橋P　聖地ではありますが、結構紛争とかあるから、気合入れて行かないと。

ひろゆき　スパイだと思われて牢屋に入れられる説もありますからね。

高橋P　その説もあるし、殺されちゃうっていう説も。ところでひろゆきさんって旅に行ったらどんなもの食べるんですか？　現地のものって食べるんですか？

ひろゆき　現地の人が食べてるものと同じものを食べますね、僕は。

高橋P　ゲテモノもいっちゃうんですよね。

ひろゆき　虫以外は。

高橋P　虫以外のゲテモノってなんなんですか？

ひろゆき　内臓とかですけどね。ゲテモノっていうほどのものじゃないです。

高橋P　猿の脳味噌とか？

ひろゆき　猿の脳味噌を出す店は、表向きにはもうないんじゃないですか？　でも知り合いで食ったっていう話を聞いた気がするんですよね。猿の頭にスプーン突っ込んだら、ずっと泣き叫んでて、その声が今も忘れられないっていうようなことを。

高橋P　生きてるの？　生きながら食べられるってこと？

ひろゆき　もちろんです。生きたまま食うんですよ。穴のあいたテーブルが目の前にあって、そこに猿がポコってはめられてて、猿はそこで動けない状態で、そこで頭蓋骨を切って。頭蓋骨を切るくらいだとそこまで血が出ないらしく、そのまま生きているそうです。で、新鮮な脳味噌をスプーンで食べるっていう。

高橋P　それって満漢全席？

ひろゆき　まあ、それにも含まれてますけど。金を払うと出す店が、まだあるっていう。

高橋P　やだわそんなの。仮死状態にして動けなくしてるっていうことですよね。

ひろゆき　せいぜい縛るぐらい。普通に叫んでるって聞きましたけど。

高橋P　それぐらい新鮮じゃないと食べられないってこと？　なんで生きたままなの？

ひろゆき　生きてて、脳味噌食べてるうちにだんだん動かなくなるみたいなのも含めて、エンターテインメントなんじゃないですか？

高橋P　脳を食ったら、脳がおかしく

なるっていうエンタメ？

ひろゆき　本来食べちゃいけないんですけどね。謎に穴のあいたテーブルを並べてるお店は、出してくれるっていうのがわかる。それが見分け方。

トルコ共和国

塩湖ってトルコにもあるの、知ってた？
せっかくいいもの持ってるのに
アピール足りないもったいない国

基礎情報

面積　780,576平方キロメートル（日本の約2倍）
人口　84,680,273人（2021年／トルコ国家統計庁）
首都　アンカラ
通貨　トルコ・リラ
為替レート　1ドル＝18.8483トルコ・リラ（中央銀行）（2023年2月16日）
民族　トルコ人（南東部を中心にクルド人、その他アルメニア人、ギリシャ人、ユダヤ人等）
言語　トルコ語（公用語）
宗教　イスラム教（スンニ派、アレヴィー派）が大部分を占める。その他ギリシャ正教徒、アルメニア正教徒、ユダヤ教徒等。
主要産業　サービス業（52.7%）、製造業（22%）、工業（31.1%）、農業（5.6%）
名目GDP　8,027億ドル（2021年／トルコ国家統計庁）
一人当たりGDP　9,539ドル（2021年／トルコ国家統計庁）
経済成長率　11.0%（2021年／トルコ国家統計庁）
物価成長率　19.6%（2021年／トルコ国家統計庁）
失業率　12.0%（2021年／トルコ国家統計庁）

豆知識

中央アジアのアナトリア半島全域、ボスポラス海峡をはさんでヨーロッパのバルカン半島の東部が国土。「東西の十字路」と呼ばれ、紀元前には、ヒッタイト、ペルシャ帝国、マケドニアのアレクサンドロス大王、キリスト教のローマ帝国など大陸を支配した大国がインタンブールを拠点とした。その後トルコ系の王朝が誕生するもモンゴル帝国に滅ぼされ、1453年オスマン帝国の支配下に置かれる。第一次世界大戦で同盟国側につくも敗戦、オスマン帝国は領土の大半を失う。1922年にムスタファ・ケマル将軍が祖国回復運動を行い、スルタン制の廃止、ローザンヌ条約の締結、共和国宣言を行い現在のトルコ共和国のかたちとなる。ムスタファ・ケマルは初代大統領となり、政教分離、文字改革などを行い、国の近代化に努めた。

食文化は、西南東を囲むアラビア地方、エジプト、ヨーロッパの影響を濃く受けている。もともと遊牧民族であったこともあり、羊料理も多い。最も支配下が長かったオスマン帝国では、スルタンの食事ため領土内の食材をふんだんに使った料理が磨かれ、トルコ料理は世界三大料理の一つともなっている。

ひろゆきさんからトルコの話、ちょくちょく聞く気がするんですけど、どこがお好きなんですか？

トルコは3回くらい行ってますね。日本からフランスに帰る時、トルコ経由のに乗ると12時間くらい空いたりするんです。そんな時は出発までに町まで行ったり。あえてホテルに泊まってみたり。

高橋P　へー。12時間とかでも？

ひろゆき　夕方についていて、空港にいつづけてもいいんですけど、あえて外に出てホテルに泊まってみたりしたことありますね。

高橋P　ガッツリ、トルコ見てまわったことはあるんですか？

ひろゆき　ガッツリはHISの旅行パックで。といっても1週間ぐらいですけど。

高橋P　どこに行ったんですか？

ひろゆき　カッパドキアとかひまわりがやたらとあるところと。おすすめなのは、イスタンブールからカッパドキアに行く途中にあるトゥズっていう湖。トゥズってトルコ語で塩っていう意味。塩の採取場があってトルコで食べられている塩の70%ぐらい生産しているから現地の人はよく知ってるのに、外国の人にあまり認知されてない。

塩湖という観光資源をウユニ湖だけに譲っておくのはもったいない

高橋P　僕も知らなかったです。

ひろゆき　めっちゃ景色いいのにすごいマイナーっていう。日本人にとってはウユニ塩湖よりはるかにこっちの方が近いのに、なぜかみんなわざわざ南米まで行くんですよね。トゥズ湖だって、普通にウユニ塩湖みたいな絵が撮れるはずなんですけど。

高橋P　塩湖っていうとウユニ塩湖し

か知られてないですよね。

ひろゆき　あれをちゃんと観光地として開発すればいいのにっていう話を、トルコの観光局の人にしたんですけど、普通にスルーされました。

高橋P　ひろゆきさんのLINEのヘッダーのやつですよね。

ひろゆき　ヘッダーのやつです、はい。ボリビアとか行くくらいだったら、日本からならトルコの方が近いのに、なんでみんなボリビア行きたがるんだろう。なんか謎な感じなんですけど。

高橋P　全然知られてないですよね。

ひろゆき　塩湖ってガラスみたいに反射するからキレイに見えるって、みんな言うじゃないですか。あれと同じような構造なんです。基本ウユニ湖と同じハズなんですけど、そこに行ったっていう人の話を聞いたことがないんですよ。

高橋P　ウユニ塩湖並みに大きいんですか？

ひろゆき　行った後で調べたらウユニ塩湖の6分の1ぐらいらしいんですけどね。でも対岸が見えないくらいの広さはあるから、よくみんなが撮影してるような水平線だって撮れるわけだし。なんでみんな、トルコ行ってジャンプして写真撮らないんだろう。

高橋P　へー、同じならトルコの方が近くていいですよね。ご飯おいしいですし。

ひろゆき　そう、トルコってご飯おいしいですよね。安いし。

高橋P　町もめちゃめちゃキレイですもんね。

ひろゆき　トルコはやっぱりいく価値あると思いますけどね。ローマみたいにもともとキリスト教があったというか、東側のキリスト教の拠点だったりしたんで、アヤソフィアみたいな世界遺産の聖堂もあるし。食べるのも、ちょっとしょっぱいものが多い以外は

そんなに困ることもないし、なにげに親日家の人が多いし。まちで飯食ってると、たいてい「お前日本人か?」って話かけられる。

高橋P　イケメンも多いですよね。

ひろゆき　そうですね、だいたい人種が混じってるところはイケメン率が高いっすよね。

高橋P　いやぁ、地震とかあったけど、早く復興してほしいですね。もっともっとトルコを盛り上げていきましょうよ。

キューバ共和国

小狡い人はいるけど、ガチで大金を取ろうとする犯罪者はいない国。

基礎情報

面積　109,884平方キロメートル（本州の約半分）
人口　1,131万人（2021年／世界銀行）
首都　ハバナ
通貨　キューバ・ペソ
為替レート　1米ドル＝24キューバ・ペソ（公式レート）
1米ドル＝120キューバ・ペソ（個人に対する現金レート）
（2022年11月時点）
民族　ヨーロッパ系25%、混血50%、アフリカ系25%（推定）
言語　スペイン語
宗教　宗教は原則として自由
主要産業　観光業、農林水産業（砂糖、タバコ、魚介類）、鉱業（石油、ニッケル等）、医療・バイオ産業
名目GDP　107,352百万ドル（2020年／世界銀行）
一人当たりGDP　9,477ドル（2020年／世界銀行）
経済成長率　-10.9%（2020年／世界銀行）
物価成長率　77.3%（2021年／国家統計局）
失業率　1.4%（2021年／国家統計局）

豆知識

1492年にスペインのコロンブスがアフリカからの奴隷を連れて入植。以来、数百年にわたりスペインの植民地であった。米西戦争（1898年）での戦勝国アメリカの支援で1902年にキューバ共和国として独立。アメリカの保護国となった。アメリカ企業が市場を独占する状況に反発し、1959年カストロによるキューバ革命が勃発。中南米初の社会主義国宣言を行い、ソ連との距離が一気に縮まった。ソ連が軍事拠点として、核弾頭をキューバに持ち込もうとしたことがきっかけで、米ソの対立が深まる（キューバ危機）。ソ連の崩壊を経て、2015年にアメリカとの国交が回復。現在、島東部のグアンタナモには米軍基地がある。

主要産業の農業（サトウキビやタバコ）に加え、観光業にも注力しており、「カリブの真珠」と言われた景観を取り戻しつつある。アメリカの経済制裁により長い間貿易がなかったため、国交停止前のアメ車が街中にたくさん残っている。アメ車に乗れるツアー企画や映画の撮影地になるなど観光に一躍買っている。

ひろゆきさん、キューバも行ってましたよね。どうでした？

キューバは、かなりおすすめですね。そろそろフツーの国になっちゃうんで、早めに行った方がいいですよ。

高橋P　フツーって、笑。

ひろゆき　キューバ革命より前の、アメリカの半植民地状態だった頃を知っている人たちからすると「あの頃より今のほうがいい」っていう声が多いですけどね。

高橋P　１９８０年代後半から１９９０年代にかけては、社会主義国にとって厳しい時代。１９５９年の革命以降、アメリカから経済制裁を受けているキューバは、エネルギー資源や生活物資の80％を社会主義国からの輸入に頼っていましたよね。なのに１９８９年のベルリンの壁崩壊で東ヨーロッパ諸国との貿易が止まって、さらに１９９１年のソ連解体が追い討ちをかけた。電気も食べ物も、何もない時代。

ひろゆき　１９９３年に経済成長率がマイナス14・9％にまで落ち込んだ後に、日本の連続テレビ小説「おしん」が放送されたそうで、貧しさに耐えて頑張るおしんの姿が共感を呼んだらしいっすね。

高橋P　ああ。そういえば同じ頃イランでも「おしん」流行ったって聞いたなあ。その後成田空港から電車１本でアクセスできる上野あたりでイラン人がテレフォンカード売るようになったのは、「おしん」を見て日本に来たいイラン人が増えたからだって聞いたことがあります。

ひろゆき　キューバは本当にお金がないので、パン１個が１円２円で売ってるんですよね。

高橋P　共産圏を旅して感じる共通する匂いってありますか？　この本の読者に伝えるとしたら「どの国も、建物が面白いから写真を撮りたければそういうところに行け」なのか、「ほのぼのしてるところが似ているよ」なのか。

ひろゆき　その意味で言うと、建物の雰囲気はキューバの建築物は他の共産圏同様、巨大で無機質ですよね。だけどラテンの影響もあってカラフルな建物も多い。旧東ヨーロッパあたりとはまた違う趣があると思います。

高橋P　人はどうですか？

ひろゆき　う〜ん。長くいたわけじゃないから全体がそうとは言い切れないけど、小狡い人はいるけどガチで大金を取ろうとする犯罪者はいないっていうイメージはありますね。

高橋P　そうなんすね。じゃあ治安はいい方なんだ。

ひろゆき　結局、ガチで犯罪をして100万円を手に入れました〜って言っても、キューバで買えるものってないんですよね。仮に、地元の人が100万円持ってて何か買ってたら、すぐにバレる。速攻捕まる。お釣りをごまかす人とかはいますけど。実際は1000円ぐらいの価値のものを3000円で売るとかそういう1万円以下レベルの細かい犯罪・詐欺。大型のはないと思う。誰かをさらって身代金要求するとか、そういうのが無理なんで。

高橋P　旅行者にとっては安心ですよね。

ひろゆき　キューバはやっぱりなんか、人が本当に楽しそうっていうのはある。夜な夜な集まって、路上でみんなで音楽鳴らして踊ってる、みたいな。とにかくお酒が安くて、ビール一本が20円とかそういう感じだった記憶が。

高橋P　中米南米の他のスペイン語圏の国とかともまた違うんですか？

ひろゆき　全然違います。他はお金でものが買えるから。キューバはアメリカから経済制裁を受けてるから、とにかくものがない。買えない。

高橋P　夜になると踊ったり歌ったりする習慣は、他のラテン系の国も同じだと思うけど、キューバの人はまたそれらとは違う感じ？

ひろゆき　キューバは歌と踊り以外のエンターテインメントがないんですよね。メキシコとかだと、いわゆるクラブみたいなところとか、女遊びする場所があったりするんですけど、キューバはそういうのがない。だから、子どもたちもその親たちも、一緒になって音楽を聴いて、みんな踊ってる。

高橋P　子どもも割と夜遅くまで一緒に遊んでる感じ？

ひろゆき　そうですね。涼しくなるのがそのぐらいの時間帯なので。

高橋P　ああ、なるほど。

自国で採れた食材ばかりのオーガニックパラダイス

ひろゆき　パンが1個1円2円だって言いましたけど、配給系で食料を安くしなければならないっていうのがあるから、小麦とか卵とかもアホみたいに安い値段で売ってるんですよね。輸入が基本的にできない島国なので、保存料が手に入らない。なので、パンを作ろうと思うと、現地で育てた小麦粉で現地の鶏の卵を使うしかない。電気とかもないので冷蔵庫で長い時間保存することもできない。だから必然的に焼き立てで無添加のパンを売ることになる。他の国なら「有機」っていうだけでバカ高い値段つけて売ってるのに、キューバではオーガニックなパンが、ものすごい安さで食べられるっていう。

高橋P　ある意味オーガニック先進国っていうか。

ひろゆき　むしろオーガニックしかないっていう。

高橋P　天然素材天国。

ひろゆき　だからほんと、なんでもすごく素朴な味で美味しかったですね。

高橋P　料理的にはどの文化圏の影響を受けてるんですか。アメリカ系？

ひろゆき　えーっと。外国人が行くようなレストランに行くと、フツーに肉があってサラダがあって、芋茹でたのがあってっていう感じ。

高橋P　結構素朴系ですね。

ひろゆき　冷蔵庫を使うと高いので、サトウキビのジュースとかもサトウキビをしぼったのをそのまま売ってて、それが50円ぐらいだったかな。外国人が使うお札と現地の人が使うお札が違ってて、基本的に外国人は現地の人が使うお札に両替しちゃいけないんですけど、実際は言えば両替してくれる。現地通貨で1円とか2円で普通にパン屋のパンを買えるって、かなりすごくないですか？

高橋P　社会主義国って安いだけじゃなくて治安がいいんですよね。

ひろゆき　そうなんです。みんな金を持ってないから、悪いことしてもしょうがないのと、金持ってても買えるものがないんですよね。

高橋P　行きたくなってきました。

ひろゆき　だんだん民主主義化しつつあるらしいんで、早めにいかないと普通の国になっちゃいますよ。まともな国になっちゃう前に、とにかく早く行ってください。

Roland

タイ王国

タイ人にとってのお正月、水かけ祭でキャッキャとハメを外してほしい。

基礎情報

面積　51.4万平方キロメートル（日本の約1.4倍）
人口　6,609万人（2022年）（タイ内務省）
首都　バンコク
通貨　バーツ
為替レート　1ドル＝33.2バーツ（2023年1月タイ中央銀行）
民族　大多数がタイ族。その他　華人、マレー族等
言語　タイ語
宗教　仏教（94％）、イスラム教（5％）
主要産業　農業、製造業、観光業
名目GDP　4952億ドル（2022年/タイ国家経済社会開発委員会）
一人当たりGDP　7,089.7ドル（2022年／タイ国家経済社会開発委員会）
経済成長率　2.6％（2022年／タイ国家経済社会開発委員会）
物価成長率　6.1％（2022年／タイ商務省）
失業率　1.2％（2022年第4四半期／タイ国家統計局）

豆知識

東南アジアの中心に位置し、ビルマ、ラオス、カンボジア、マレーシアと国境を接している。熱帯性気候であり、最も暑い時期の平均気温が 35°C。年に3度の雨季がある。

首都バンコクには 400 を超える寺院がある。13 世紀に栄えたスコータイ朝時代、国教を上座部仏教と定めた。東西に位置する中国・インドと陶器や森林資源の貿易で経済が豊かになり、寺院を多く建設した。このときタイ文字が考案されるなど、現在のタイ文化の基礎が生まれた。1782 年に生まれたラッタナコーシン朝も国際貿易都市として栄えた。フランスやアメリカなど西欧諸国とも通商条約を結び、東南アジアの中で唯一植民地支配を逃れた。1939 年にタイ王国へと改称。

タバコの規制が厳しい国であり、日本では普及している電子タバコは禁止令が出ている。個人でも持ち込むと最高で 10 年の懲役、または 50 万バーツの罰金となる。紙タバコはコンビニでも買えるが、肺ガンをイメージさせるグロテスクな写真と警告文がインパクト大。

タイといえば、大麻が合法になるよ〜って話題になってましたよね。

政府が観光資源にしようっいう目論みだったみたいですけど、結局揺れてますよね。行くの、おすすめします？

ひろゆき　行くなら、ソンクラーンの時期に行くのがおすすめですね。

高橋P　なんすか、それ？

仏教国ならではのお祭りに注目 地域ごとで違いを味わって

ひろゆき　お祭りの名前です。タイの暦の旧正月にあたる4月の中旬あたりにやるお祭りで、「水かけ祭」とも言われてて。

高橋P　東京でも下町に「水かけ祭」ってありますよね。あんな感じ？

ひろゆき　元々は水を自分の尊敬する人にかけるっていうので、おじいちゃんおばあちゃんの手に水をかけるっていうところから始まったみたいだけど、じゃあ、誰に水をかけても喜んでもらえるよねっていうので、今は盛大なお祭になってる。その時期はノートパソコンに水かけられて壊れました！　とかでも損害賠償を請求できないルールがあるので、みんな通りがかる人に無礼講で水鉄砲を撃ちまくるっていう。

高橋P　バンコクですか？

ひろゆき　あ、その3日間は至るところでやってます。遺跡で有名なアユタヤだと象と一緒に水遊びができたり。プーケットはビーチリゾートだから、水着を着て水をキャッキャとかけあったり。チェンマイだと守護神って言われてる仏像に水をかけたりでまちが大賑わい。消防車からもガチで水をかけられるんですよ。

高橋P　すごい水圧ですよね。

ひろゆき　消防隊がホースで水をバーってかけてきて面白いから、こっちからも水鉄砲でバーって返してみたら、めちゃめちゃ本気で撃ち返された。

高橋P　ひろゆきさん、そういうこと、平気でやりそう……。

メキシコ合衆国

危険地帯という刷り込みはもう古い？ 幸せの形はいろいろだと思った国。

基礎情報

面積　196万平方キロメートル（日本の約5倍）
人口　1億2,601万人（2020年国立統計地理情報院（INEGI））
首都　メキシコシティ
通貨　ペソ
為替レート　1ドル＝約20.06ペソ（2021年4月　墨中銀）
民族
言語　スペイン語
宗教　カトリック（国民の約8割）（2020年　INEGI）
主要産業
名目GDP　1兆0760億ドル（2020年／IMF）
一人当たりGDP　8,421ドル（2020年／IMF）
経済成長率　-8.2%（2020年／IMF）
物価成長率　3.15%（2020年／INEGI）
失業率　4.44%（2020年／INEGI）

豆知識

15世紀に現在のメキシコシティあたりにアステカ文明が繁栄。1519年にコルテス率いるスペイン軍が上陸。1521年にアステカ王国を滅ぼして植民地化した。流入したキリスト教文化と先住民文化が混ざり合い現在のメキシコ文化となる。メキシコ銀は、スペイン－マニラ間のガレオン貿易の輸出品となり、スペイン本土を潤した。メキシコでは、本土生まれのスペイン人が現地人を使役する大農園を取り仕切った。スペイン本土との格差に、現地生まれのスペイン人クリオーリョ、混血のメスティーソ層では不満が高まっていった。1821年にクリオーリョが中心となりスペインより独立。1846年にアメリカと領土を巡り争い敗北。テキサス・カルフォルニアを失い、今の国土が確立した。

メキシコ革命（1910年）ののち、制度的革命党（PRI）が政権を掌握。政治腐敗、経済的不平等を理由に、2000年に国民行動党（PAN）から大統領が選出。71年ぶりの政権交代となった。

ひろゆきさんって、確かメキシコのやばいところ行ってましたよね。

メキシコのファレスっていう場所に行きました。「ブレイキング・バッド」っていう映画の中に、治安の悪い街としてエル・パソが出てくるんですけど、それがアメリカ側。国境挟んでその反対側がファレスっていうメキシコの街なんですけど、そこが面白かったです。

高橋P　やっぱりマフィアとかいる感じですか？

ひろゆき　メキシコのマフィアがアメリカで悪さをして、金稼いで毎日ファレスに帰ってくる。メキシコマフィアがたくさん住んでる治安の悪い場所トップ5に必ず入ってくるって聞いていたから行ってみたんですけど、行ってみるとすげー普通なんですよね。

高橋P　メキシコの治安の悪い場所の話、「カルテル・ランド」っていう映画で見ました。手とか足を切っちゃって道に置いとく、とかそういう街ですよね。

メキシコ＝マフィアのイメージはもう古い？

ひろゆき　まあ、抗争があった時代はどうやらそういうのがあったらしいんですけど、今は抗争やっても儲からないじゃないですか。で、アメリカで稼いで悪さをして帰ってきたマフィアがいるので、まち全体、景気がいいんですよ。普通にレストランとかも活気があって、治安もいいんですよね。

高橋P　すごい意外。勝手に治安が悪いって思ってました。

ひろゆき　マフィアって仲間意識強いから、地元を荒らされたり漁られたり

するの、嫌がるじゃないですか。だから警察官がいなくても、悪さをしたらマフィアにひどいことをされるってみんな分かってるから、悪さをする人がいないんですよ。ご飯は美味しいし、治安もいいし、なんの問題もないやっていう街だった。

高橋P　危険を体験しよう、ヒリヒリしようと思って行ったんですか?

ひろゆき　実際どれくらいやばいのかなって思って。最初国境を出て、左側に行ったんですよ。そっちの方にショッピングモールがあるっていうんで行ってみたら、確かにあったんですが、すんごい寂れてて。お店の数で言うと300軒くらいあるんですけど、開いてるのが20店舗あるかないかくらい。お客さんはほぼいなくて、店番で座ってるおっちゃんがちょこちょこいるぐらい。「なんかここやべーまちだなあ」っていう印象。で、そこ見てアイスクリーム食べて、「何もねーなー」って帰ろうとした。でもちょっと気になって国境の東側、つまり国境出て右側に歩いてみたら、めちゃめちゃ普通に栄えててビックリ。旧市街の方は抗争があった時代に廃れちゃったらしいんです。その後、新市街っていうのをみんなで作って、そこは景気良く楽しくやってるっていう。

高橋P　みんな昔の印象が刷り込まれちゃってるのか。

ひろゆき　意外とその中で暮らしている人は幸せなんだろうなっていう印象。百聞は一見にしかず。何ごとも行ってみないとわからないもんです。まあ、僕の場合は、ただ好奇心の赴くままに、ふらふら行っちゃうだけなんですが。

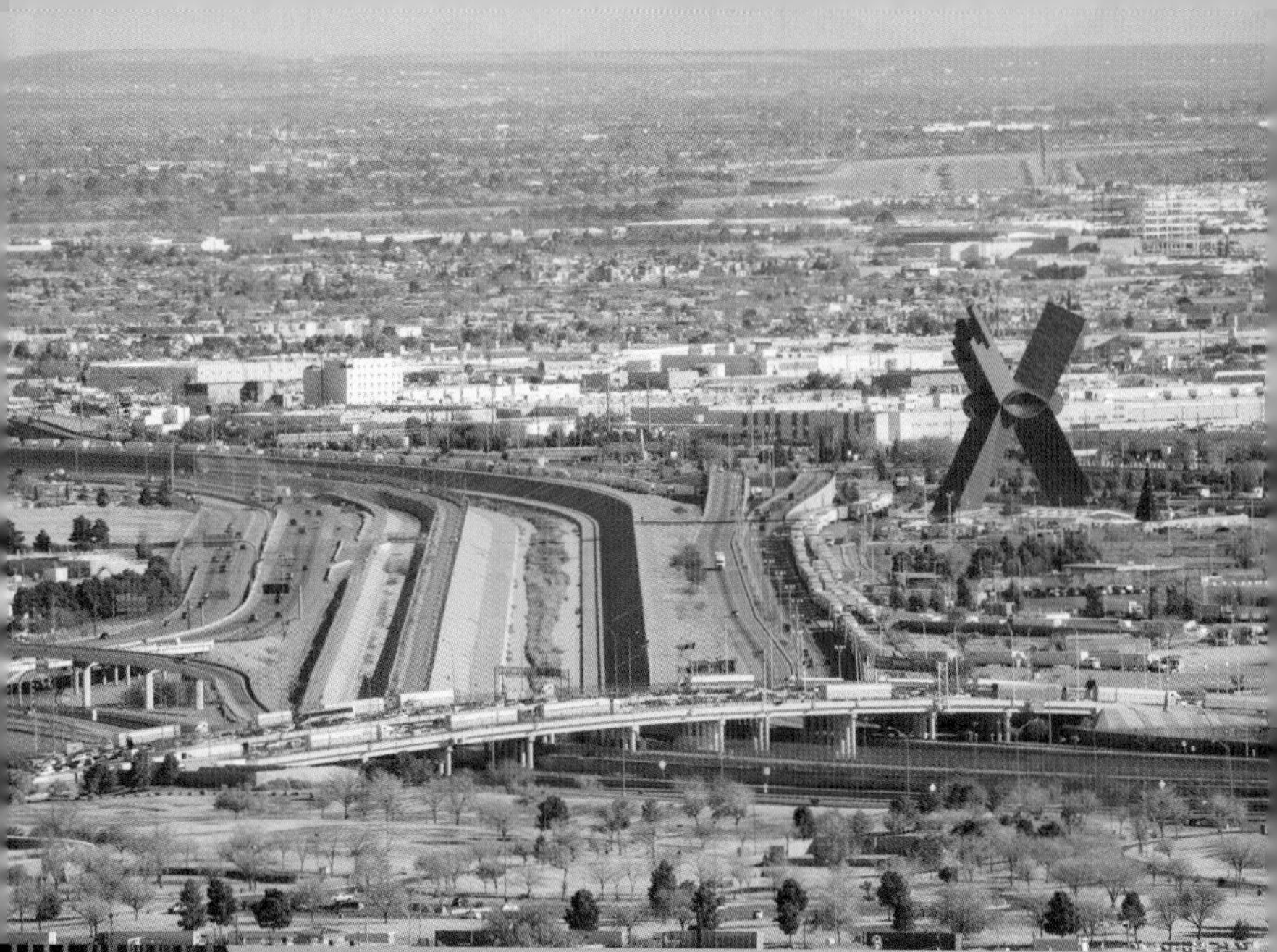

フランス共和国

せっかくフランスに住んでいるから、おすすめを少し。と言ってもかなり偏りあるからね。

基礎情報

面積　54.4万平方キロメートル
（本土のみ、フランス国立統計経済研究所）
人口　約6,790万人（2022年7月1日、フランス国立統計経済研究所）
首都　パリ
通貨　ユーロ
為替レート　1ユーロ＝約139円（2022年7月三菱UFJ銀行）
民族
言語　フランス語
宗教　カトリック、イスラム教、プロテスタント、ユダヤ教等
主要産業　農業、自動車、化学、機械、食品、繊維、航空、原子力等
名目GDP　約1兆4,262億ドル（2022年/IMF推計）
一人当たりGDP　44,853米ドル（2022年／IMF推計）
経済成長率　7.0％（2022年IMF推計）
物価成長率　2.1％（2022年IMF推計）
失業率　7.9％（2022年IMF推計）

豆知識

東はアルプス山脈、南西はピレネー山脈、大西洋、地中海と自然の要塞に守られている。平野や丘の多い温暖な気候。穀物自給率は187％（2019年／農林水産省）あり、食料はほぼ時給、輸出も盛んに行う農業大国である。ぶどう栽培も盛んで、3大ワイン産地のシャンパーニュ、ボルドー、ブルゴーニュが有名。

現在のフランスは、1643年にルイ14世が絶対王政を確立、それに対し不満を持った市民がフランス革命（1789年～1795年）を起こしたことに始まる。西洋諸国の干渉に伴い1804年ナポレオンが帝政を敷く。革命中の1792年から共和制を取り入れたが何度も政権交代が行われ国政は安定しなかった。1946年ドゴール政権が第4共和制、第5共和制を進め、1957年にはヨーロッパ経済共同体（EU）の設立に参画。

国旗は、フランス革命で掲げた「自由・平等・博愛」の3つの精神を表す色になっている。

ひろゆきさん、フランスに住んでるんですから、住人目線でおすすめを教えてくださいよ。

「フランス行くよー」って連絡来ると、男性にはカタコンベを必ずおすすめしてるんですけど。

高橋P　どんなところですか？

ひろゆき　人間の骨が600〜700万体分ぐらい埋まってる場所です。パリってもともとはいろんなところにお墓があったんですけど、適当に埋めすぎて人体が腐ったりとか、腐ったのが川に流れてそれを飲んで病気になったりとか、ガスが出たりとかで、とにかくやばい状態だったんです。だからとにかく墓を一旦掘り起こして、1箇所に集めようぜって言って作ったのがカタコンベ。無造作に骨が積んであって、その骨が装飾みたいになってる洞窟なんです。最初のうちは「わー人間の骨だ。すげー」ってなるんですけど、10分くらいすると骨を見ても何も感じなくなるんですよね。「あ、これ骨じゃん」みたいな。

高橋P　そこがなんでおすすめなんですか？

地下室につながっている、死者も出る謎のエリア

ひろゆき　まず、人骨を見ても何も感じなくなるっていうのと、あと、たまに人が死ぬんですよね。カタコンベで。

高橋P　えっ!?

ひろゆき　なんで洞窟になっているかっていうと、もともと石灰岩が取れるんで、みんな適当に石灰岩を掘ってたんですよ。で、自分の家の地下を勝手に掘って勝手に地下室として利用したりしてて。だからカタコンベ自体がいろんな地下道や地下室につながってて、全体像がわからないぐらいになっているんです。何年か前に見つかった死体が、実は10年前に死んだ死体だってことで話題になってました。どうやらそのエリアのレストランで働いてい

た人らしくて。ワインって一定の温度で保管した方がいいので地下で保存することが多いんですよね。そもそもセラーって地下室っていう意味だから。で、そのレストランはカタコンベに繋がっている通路にセラーを作ったらしいんですが、従業員が夜中にちょこちょこ地下室に行っては飲んでを繰り返していた。つまりワインを盗んでいたわけです。ある時、その従業員が行方不明になって10年後に発見された。おそらくいつものようにワインを飲んだ後、迷子になって洞窟の隙間か何かに落ちちゃって、骨が折れているから動けなくて死んだ。それが10年間誰も見つけられなかったたって、なんかすごくないですか？

高橋P　怖い。えー、観光地の真横で人が死んでたってことですよね。

ひろゆき　真横っていうか、繋がってる洞窟みたいなところで。っていうのもあるんで、多少面白いっす。

高橋P　今思い出しましたけど、僕フランスに旅行に行った時に、一番印象に残ったのがマルセイユなんです。ひろゆきさん、マルセイユは行かれましたか？

ひろゆき　はいはい。行きました。

高橋P　あそこって表はキレイなんですけど、一本裏に入ると売春宿があるんですよね。僕、何も知らないでフラフラ裏通りに行っちゃったら、「お前、ここに入ってくんじゃねーよ」みたいな感じですごい目で見られて。日本って割と同じ地域内なら同一性があるけど、フランスって道が一本違うと急にスラムになる。なんか、ギャップが激しくないですか？

ひろゆき　えーっと、別に激しいとは思わないですね。

高橋P　それはひろゆきさんがぶっ飛んじゃってるから。

ひろゆき　っていうか、まあ、探せばどこにだってそんなエリアはある気がするし。あと、どんな目で見られたかについては、こちら側の受け取り方の問題っていう気もしますよね。ヨーロッパでは基本的に、アジア人って人種の中ではかなり下に見られてるから、ある意味楽ですよ。下働きをしているアジア人っていっぱいいるから、眼中にないっていうかカウントされないっていうか。だからあんまり危険な目に遭わないんです。

高橋P　へえ。そんなもんか。確かに自分の受け取り方次第ですよね。あ、あとフランス行きたいところ、ありました。グランド・シャルトルーズって知ってます？　昔のリアルな生活とか信仰が残っているところ。

日曜日以外はしゃべっちゃいけない謎ルールのある村

ひろゆき　あ、知ってます。

高橋P　僕、一応映像ディレクターなんでドキュメンタリーも撮るんですけど、グランド・シャルトルーズを描いた、本当に衝撃を受けたドキュメンタリー映画に出会って以来、どうしてもこの目で見てみたいと思ってて。

ひろゆき　へえ。

高橋P　3、4時間のドキュメンタリーでクソつまんないんですよ。今まで観た中で一番つまらなくて、これ、なんでなんだろうって考えたんですよ。フランスとスイスの国境あたりの、すごい山奥にあるんですが、日曜の何分か以外一切喋っちゃいけないらしくて。

ひろゆき　ほー。ネットで見てみました。へえ、「大いなる沈黙へ」っていう映画になってるんですね。

高橋P　そうなんですよ。しかもそれ、買うと8千円くらいするんです。

ひろゆき　高っ。そんなにするんだ。

高橋P　まじでムカついたんですよ。8千円出して買ったのに沈黙って。

ひろゆき　しかも字幕版とかあるんですね、喋らないのに。

高橋P　一応喋っていい日曜日のシーンとかも撮ってるからかな。昔の修道院の生活をガチでやってるんですが、例えば朝2時くらいに起きて、讃美歌を歌って、自給自足だからあとはひたすら農作業して、薬草のリキュール作って。それを外部に売ってるからお金もちゃんとあるんですが、決まった時間以外1週間ずっと喋んない、みたいな。

ひろゆき　へー。

高橋P　なんでこんなのをドキュメンタリーにするのか不思議で。監督が2年かけて編集したとか言ってて。取材許可を取る交渉には、どうやら10年くらいかけたらしい。狂ってる。

ひろゆき　あっち側の人からしたら、取材受けるメリットないですもんね。

高橋P　誰にもないじゃないですか。なんでこのクソつまんないことになったのかって考えたときに、気づいたんです。映像を作る人って、その映像で取材したものを追体験させようとするんですけど、きっと人も、その修道院のクソつまんないことに耐える生活を伝えるために、超つまんなくしたんだなって。僕はＤＶＤで見たからいいですけど、映画館で見たら逃げられないんですよ。

ひろゆき　ずーっとつまんない映画を見せ続けられて、辛い思いをするんだ。

高橋P　で、そのグランド・シャルトルーズの人も、なかなか逃げられないんですよ。逃げることって容易じゃなくて。だからグランド・シャルトルーズに入るってこういうことなんだぞ。お前は耐えられるのか？　っていうのを突きつけるのが目的。田園主義とかそういうのに憧れさせたり甘い期待を抱かせるようなドキュメンタリーじゃないんです。本当にこういう生活をしている人がいるっていうのを味わわせる拷問だったんだなっていうふうに解釈して、８千円かかった悔しさを紛らわせました。

ひろゆき　でも結局これが今まででー番衝撃を受けたわけでしょ。フランスって言うキーワードですぐに思い出すぐらいなんだから。

高橋P　本当に編集までが異常なんですよ。10年ぐらいかけて、ただただ人がカメラを見ているカットを10秒ずつくらい10人分入れたりしてて。これ、もしＡＤがやったら大声で怒鳴るくらいのテンションの編集。でも、なんだかんだで、その後の自分のものづくりに影響を受けたっていうか。ここまで深く考えさせる編集ないなって思って。スタンスとしては一応納得できるところがあるんですよね。

ひろゆき　そこ行くと、教会や売店は行けるみたいですね。普通に旅のサイトもありますからね。

高橋P　世俗と切り離してもいないんですよね。お金も必要ですよねっていうスタンスで、生活の場には入れないけど、入口の売店までは全然ウェルカムな感じ。そこに行ってお酒を飲んでみたいなあと思いつつなかなか。ひろゆきさん、今度飲んでみてください。僕お酒飲めないんで。

ひろゆき　はいはい。

フランスのアニメ系イベントジュパンエキスポについて

高橋P　ところでひろゆきさん、フェスとかは行かないんですか？

ひろゆき　行ったりはしないですね。僕音楽にそんなに興味がなくて。フェス系でいうと、アニメ系のイベントは仕事がてらいろんな国のに結構行きましたけど。フランスだとジャパンエキスポが大きいですね。

高橋P　フランスだと、バンドシネっていうんですか、漫画の文化がありますよね。あれはポピュラーなんですか？

ひろゆき　文化としてはあるんですけど、アート作品としてのカテゴリーになってしまうので、アシスタントをあんまり使わないのと、フルカラーだったりするので1冊作るのに1年とかかかるらしいんですよね。だから作者が全然儲からないって聞きてます。

高橋P　へえ、あまりポピュラー路線じゃないんですね。

ひろゆき　日本だとアシスタントも描くからある程度量産できるし、モノクロでもいいので原価が抑えられる。でもバンドシネは、細部まできちんと絵を描いてフルカラーで作り上げるので、割りが合わないんですよ。

高橋P　日本でいう週刊ジャンプ的なものはないの？

ひろゆき　ないですね。雑誌はなくて、ほんとに1人の人が1冊を描いてっていう感じで、アート感が強いんですよね。もったいないなって。バンドシネ原作の映画とかはありますけどね。アメコミと一緒で、あんまり面白いと思わないのが多いですけどね。ほんとに面白かったら、世界中で翻訳されて、それなりに発売されると思うんですよ。

高橋P　フランスでやってるイベントっていうのは、いわゆる日本のアニメとか漫画だけ？

ひろゆき　それこそ名前もジャパンエキスポっていうぐらいだから、日本だけですね。でも、25万人とか集まるんですよ。漫画アニメがメインで、ゲームもあって、日本刀とか着物とかも売ってる、みたいな。日本のアイドルとかも来たりしましたからね。

高橋P　それ自体を目的にして旅する人もいるってことですよね。

ひろゆき　ヨーロッパの人で日本的なイベントに行きたいっていう人は大体パリのジャパンエキスポに来るので。ちなみに、おにぎりが一個600円くらいで売ってますよ。「アニメの中で見るあのおにぎりというものを食べてみたい」っていうニーズに合わせて。「あのおにぎりがここで売っている、よし買って食べてみよう！」っていう。

高橋P　日本食って、そんなに浸透していないの？　弁当がBENTOとして盛り上がってる的なニュース、見たことありますけど。

ひろゆき　ああ、それはありますよ。あとラーメンは世界中それなりに探せばあるんですけど、おにぎりってそんなに美味しくないじゃないですか。

高橋P　寿司とはまた浸透具合が違うのか。

ひろゆき　味もそんなにないし。

高橋P　手で握るの外国人嫌がりそう。

ひろゆき　あ、でもお寿司は型で作った成型された感のがあります。

高橋P　海苔が黒いから、文化的に拒絶感があるっていうのは聞きますよね。

ひろゆき　あんまり海苔は全面的には巻いてないですね。

亀

そのほかのフランスの見どころについての偏った情報

高橋P　せっかくパリに住んでるんだから、路上観察してて面白いと感じたスポット、教えて下さいよ。

ひろゆき　うーん、なんだろ。あ、そういえば前に住んでた地域の近くで見つけた銘板があるんですけど。

高橋P　あ、西村って書いてあるじゃないですか。

ひろゆき　はい。パリで有名な西村さん。

高橋P　へえ、ウィキ見てみました。西村計雄さん。画家さんですね。お、北海道出身だって。ひろゆきさんの親戚ですか？

ひろゆき　いやいや、北海道はおやじの故郷ですけど、親戚ではないです。いますよね。同じ名前だってだけで、お、お前の母ちゃん？　とかいう小学生。ちなみにここ、ピカソのアトリエと同じ通りにあるので、暇だったら見に行ってみて下さい。

L'artiste peintre japonais
KÉOU NISHIMURA
habitait et peignait
au 3ème étage
de cet immeuble
de 1961 à 1993

高橋P　はい、今度パリに行く時行ってみます。あとはあとは？　なんかほっこりできるようなところとか、ないですか？　そういえばフランスって銭湯とかってあるのかなあ。

ひろゆき　銭湯はないですね。温泉がちょっとあるくらい。あとはトルコ式のハマムみたいな感じです。

高橋P　ハマムって、まちの中で普通に安い金額で行けるもんなんですか？

ひろゆき　あるんじゃないですかね。僕あんまり興味ないから入ったことないんですけど。

高橋P　フランスの子ってハマムに入るの？　基本イスラム系だけなのかな。

ひろゆき　うーん。フランスの人って週に3～4回ぐらいしかお風呂に入らないんで。

高橋P　シャワーですよね。フランスは。

ひろゆき　バスタブがあるところもありますけど、シャワー文化であんまりお風呂に入らないから香水が広がったっていう。

高橋P　クサさを消すために。

ひろゆき　はい。

高橋P　ひろゆきさんって、温泉好きですか？

ひろゆき　僕、一人で入るのは好きなんですけど、他人と一緒に風呂入るの嫌いなんですよ。

高橋P　あとはどんなところに行きました？

ひろゆき　最近、ニースの海岸に行ったんですけど、そこが砂浜じゃなくて石の浜なんですよね。

高橋P　ちっちゃいつぶつぶしたジャリみたいな？

ひろゆき　ジャリの結構でかいので、足に刺さって痛いっていう。

高橋P　海はキレイなんじゃないですか？

ひろゆき　すごくキレイなんですけど、砂利が痛いから行く気にならなくて。

高橋P　ニースは俺が行った時は夜だったので月明かりが差していてキレイだった。月明かりが差すと海が一直線にぴーってなるじゃないですか。それ見て胸が切なくなっちゃって。夜闇に乗じてアフリカから難民がやってきて、何人も死んでるんだろうなって思ったら、すごく辛い気持ちになっちゃって。

ひろゆき　それ見てそう思うんすね。すごい想像力。でもニースに来る前にスペインとかイタリアに行くから、ニースに直接たどりつく人はそんなにいないんじゃないかなあ。

高橋P　そっか。想像しすぎ。まあ、それにしてもフランスって難民の人いっぱいいますよね。

ひろゆき　そうですね。でも割とフランスを通過してイギリスに行こうとして失敗する、みたいなのが多い気がします。

高橋P　そうなんですか？

ひろゆき　フランスは人気ないんですよね。

高橋P　なんでですか？

ひろゆき　住所がないと生活保護を渡さないみたいで。でも、難民なんだからそもそも住所ないのが当たり前だよね。形式にこだわるところがわりとあるんですよね、フランスって。

高橋P　移民は割と住みづらいんだな。じゃあ、今いるアフリカ系の人は、フランスが宗主国だった国の人？

ひろゆき　もともとフランス領だったところだと、難民じゃなくて普通にフランスに住めちゃうので。

高橋P　公民権があるというか。

ひろゆき　そうじゃない系のアルジェリアとかの人たちはやっぱりイギリスやドイツに行こうとしますね。フランスは差別も多いから、人気がないんじゃないですかね。

高橋P　でも、やっぱフランスっていいよなあ。小さな村100選みたいなの、あるじゃないですか、ああいうところの1つに行ったんですけど、「もう、なんなら一生巡ってたいわ、こういうところ」って思いましたもん。

ひろゆき　へー。

高橋P　行かないんですか？

ひろゆき　なんかちっちゃい村のちっちゃい旅館みたいなところに泊まって、みんなで一緒にご飯食べて、食べた後にみんなで飲み会みたいなのをやったっていう経験はありますけど。

高橋P　苦手そうじゃないですか。そういうところ。

ひろゆき　はい、苦手です。でも、どんなもんか1回は行ってみようかなって感じで行ってみたら、なかなか楽しくて「へえ～」って思いました。

高橋P　そんな自分を客観的に見る、みたいな。

ひろゆき　まあね。でも何でもそうですが、1回はやってみないとどんな感じかわからないので。

高橋P　ひろゆきさんの旅のスタイルってそうですよね。今まで色々お話聞いてきて、そのセリフ多かったですもん。人の旅の仕方を聞いていると、人生哲学見えてくることあるんですが、ひろゆきさんって、基本めんどくさがりだけど、好奇心がめんどくささを上回る時には、ちゃんと動く感じがする。

ひろゆき　はあ。

2章

ひろゆきツアーズ

旅にまつわる役立つ話となんの役にも立たない話

1 こうすれば安く行ける！こうすればタダで入れる！セコ旅の裏技大放出！

ひろゆきさん、お金たんまり持ってるのに、結構庶民的な旅してますよね。

まぁ、払わなくていいもんに対してわざわざ払う必要ってないし。自動販売機でジュースとかも、ほとんど買ったことない。

高橋P　旅も結構人の金で行ってますよね。

ひろゆき　まぁ、ロシアとか、ニコニコ動画で行ってますからね。取材と称して会社の金使って。

高橋P　自腹ではないということですよね。

ひろゆき　あと、ガジェット通信っていうウェブメディアを友達と作ったんですが、それはウェブメディアを持っていると機材がタダで借りられることに気づいたからなんですよ。

高橋P　どこから借りるんですか？

ひろゆき　メーカーからとか。カメラの新製品が出ると、「媒体でレビューするんで貸してください」って言ったりとか、スチールカメラもビデオカメラも、結構タダで貸してくれる。

高橋P　へえ。

ひろゆき　ゲームとかもレビューしますって言うと新製品をもらえたりすることもあって。だからメディア持ってると便利なんですよね。

高橋P　ひろゆきさんってそういう情報ってどこから仕入れてるんですか？　前も自分の映像とかを保存しておくGoogleの裏技みたいなの話してましたよね。

ひろゆき　そうですね。無限に使えるっていう。

高橋P　そういうセコいやつ、どっから見つけてるんですか？

ひろゆき　多分そうだろうっていう仮説を立ててとりあえずやってみる。ガジェット通信を始めた頃はまだそんなにウェブメディア自体が有名ではなかったので、お願いしてもそんなに借りられなかったんですけど、やっていくうちにウェブメディアにもレビュー出た方がいいよねっていうのにメーカーが気づき始めて。僕、映画の「マトリックス」とかもタダで見たんですよ。「映画のレビュー」っていうテイで連絡して、観せてもらいました。

高橋P　ああ、記者用の試写とかですよね。まあひろゆきさんみたいに動画チャンネル立ち上げるっていうとハードル上がっちゃうと思いますが、一般の人でも、そういう会社に転職したり、転職もハードル高かったら、noteでもなんでも自分の記事を公開し続けて、認められれば今みたいなこともできるようになるんじゃないかな。

ひろゆき　まあnoteだとちょっと個人感が強いので、デザインをそれなりにしてウェブメディアっぽい見た目にしておいた方が効果があると思いますけどね。

高橋P　へえ、そういうものですか。

ひろゆき　専門系のメディアっぽくしておくと、ページビューがそんなになかったとしても、企業側としても1媒体としてカウントできるわけですから。例えばカメラメーカーが広告代理店に「このカメラの新製品を宣伝したい」って依頼する時も、そのカメラのレビューがどんな媒体に載ったかもそうだけど、何媒体に載ったかと数字がシンプルに大事になってくる。掲載媒体を列挙する時に、大小いろんな媒体がある中の1媒体として1行書ければそれでいいんですから。それを見据えておいて、あらかじめ自分の媒体を「カメラ専門サイトたかはし」とかってしておくわけです。

高橋P　なるほど。そうすると、例えば10万円とかでデザインを外注してウェブメディアを作ったとしても、元が取れる可能性がある。できる人は自分でHPを作れるやつがあるから、それでちょっとお洒落なのを作ればいいわけですよね。

ひろゆき　ニュースサイトっぽいデザインにしておけばいいだけなので。

高橋P　そして、ひろゆきさんみたいに旅行の資格を取っておくとなお良し、みたいな?

ひろゆき　はい。

高橋P　いいっすね。

ひろゆき　本とかも割とそれでいけるんじゃないかなと思いますけどね。新刊本紹介系メディアとか作って、新刊紹介しますよって言ったら、結構本がもらえる気がします。

高橋P　あと、旅先で入場料がいるようなイベントに入る時も、「メディアです」って言ったら入れる可能性も出てくる。まあ、それを認めるかは相手次第ですが。

ひろゆき　メディアの名刺を持ってると、大体どんなイベントでも入れますよね。昔、ドイツのモーターショーに通うのが趣味だったことがあるんですが、それも結構タダで入ってました。今はネットが当たり前になっちゃったから、モーターショーに行ってフェラーリのブースとか行っても「資料はここだよ」って言ってURL渡されるだけなんですけど、昔は各メーカーのグッズがもらえたんですよ。ポルシェに行くとポルシェの新車の情報が入ってるUSBメモリをくれたり。

高橋P　ああ、ノベルティってやつですね。

ひろゆき　はい。メディアデイっていうメディアしかいない日があるんですけど、受付で名刺を出してそれぞれのブースに行くと、USBあるよとか、財布があるよとか。中にはスーツケースをくれるところもあったんですよね。なので、2年に1回ぐらいはモーターショーに行ってました。

高橋P　そういうのは自分のメディアを駆使して行ってたんですか?

ひろゆき　「日本のウェブメディアでガジェット通信っていうところです」って言って申し込むと普通に入れるっていう。

高橋P　ずるいな。ひろゆきさん、そうやって旅してるのか。

ひろゆき　フランスのジャパンエキスポもそれですね。入場5000円くらいかかるはずなんですけど、それもメディア登録して入りました。シンガポールのアニメフェアアジアっていうのもそんな感じでメディアとして入ってますね。海外だと余計日本の中でそのメディアがどれくらい大きいのかわからないので、申し込むとけっこう通るんです。「わざわざ日本から来てくれたんだぁ」っていう感じで。

高橋P　それはアゴアシ（交通費）もついてくるってことですか？

ひろゆき　さすがにアゴアシはつかないですね。プレスツアー（自治体や企業が、場所や施設にマスコミを招き、活動内容についての理解を得るため企画するツアー）にうまくハマればいいですけど。僕の場合は、元々行く用事があるから自分で行くけど、これはタダで入れるかなっていうものに申し込んでみるっていうのをやりますね。

高橋P　ガジェットとかニコ動とか人の金で行ったので、いちばん思い出深いところとかあります？

ひろゆき　やっぱりスペースシャトルの打ち上げですかね。アメリカの。

高橋P　え？

ひろゆき　もう打ち上げないっていう意味では思い出深い。人類が作った中で一番部品が多い機械がスペースシャトルらしいです。27トンとかを持ち上げて宇宙に持って行ったわけですけど、今はもうそこまでデカいものを作らなくなっちゃったんですよね、人類は。そういう意味であれは貴重だった。27トンのでかいものを打ち上げるためには莫大なエネルギーが必要なので、打ち上げる時もめっちゃデカい音がするんですけど、もうそんなデカい音がするものって人類は作らないだろうから、多分あれが最後の機械だったわけで。「ソニックブーム」って言葉、聞いたことがあると思うんですけど、速い速度で移動したものが音速を超えた時に、音が衝撃波になるっていうもの。スペースシャトルももちろん音速を超えるので、物凄いデカい音がするんです。その音が衝撃波として、自分たちのところに来るんですが、危険だから一般の人は肉眼で見れるか見れないかくらいの距離でしかロケットに近づけない。でもアメリカの場合はフロリダのロケットの打ち上げ基地にメディアだと入れるので、空軍基地のメディア用の、ガチで衝撃波が来るところで見られるんです。それを5回くらい見たかな。

高橋P　けっこう好きなんですか？　そういうの見るの。

ひろゆき　他で体験できない面白さと、打ち上がらない確率がけっこう高いので、そこも含めて楽しいですよね。雲がうまく開いていないと打ち上げしないとか、雨が降っていると打ち上げしないとか、上げない理由が色々あって、行っても打ち上げしないっていうことが多かったんですが、それも折り込み済みで面白いというか。

高橋P　ほー。それって金はどうしてるんですか？

ガジェット通信とかから出張費として貰ってるんですか？

ひろゆき　打ち上げの時は、ニコニコ動画の企画っていうことにして、ニコ動の金で行ってましたね。

高橋P　不確実性の高いものは人の金でいくんですね。

ひろゆき　そうですね。打ち上がりませんでしたって言って、マイルだけ貯めて帰るっていう。

高橋P　マイルは貯めるんですか、笑。

ひろゆき　もちろん。

高橋P　フロリダで打ち上がらなかったら、どっかで遊んで帰るとか？

ひろゆき　一回打ち上がらなかった後、「オバマ大統領がなんかを発表するらしいよ」っていうニュースが入ってきたので、「じゃあせっかくフロリダにいるし、ホワイトハウスのあるワシントンDCに行っちゃう？」って話が持ち上がって。「それ面白いから今から車で行こうぜ」ってノリで行って、十何時間運転して向かったことがありました。

高橋P　そうか～。旅をコンテンツにできると最高なんだろうな、金も含めな～。

ひろゆき　インフルエンサーの人とかそうじゃないですか。

高橋P　確かにSNSでインフルエンサーになれば書くだけでタダで行けたりするのか。仮に収入にはならなくても節税になったりするかも。旅行作家、トラベルライターって名乗ったら、どこに行くにも経費になるわけですもんね。

ひろゆき　いかに他人の金で楽しい旅をするかって重

要ですよね。だらだら楽しい思いをして帰るっていう。

高橋P　で、出張と言い張って精算する。素晴らしいですね。さっきからひろゆきさん記者って言い張ってますけど、記事はちゃんと書いてるんですか？

ひろゆき　一応書いてるんですよ。僕。そういう時はちゃんと。

高橋P　え、本は自分で書かないのに？

ひろゆき　長い文章は書けないんですけど、旅行のやつって写真を撮って状況を説明するだけなので、5、600文字くらい。写真が多い方が喜ばれるから、適当に写真を撮ってバーって並べて、適当な文章書いとくだけで1つの記事として成立するので、それくらいなら全然。

高橋P　ちなみに、フロリダって普通に行ったらいくらくらいするんですかね。

ひろゆき　ピンキリですけど、安く行こうとすると8万円くらいで行けたかな？

高橋P　アシだけで？

ひろゆき　でも15万くらいが普通だった気がします。

高橋P　それを人の金で5回も行って。

ひろゆき　はい。滞在費とかも会社持ちで、ありがたいことに。

高橋P　ひろゆきさんって今はお金持ちじゃないですか。もしお金持ってなかったらどんな旅してました？　コロナ前は1年の3分の1ぐらいはいろいろ行ってたそうですが。

ひろゆき　コロナ前はよく、1回のツアーで6万円とかそういう額で行ってましたね。コロナが明けても日本からならやっぱりＨＩＳとかずっと使い続けるんじゃないかな。

高橋P お金があってもやっぱHISなんですね。

ひろゆき HISの年末のは、採算度外視したとんでもない値段で出してくるので。トルコに1週間行って5万円、みたいな。フライトとホテル代込みですよ。考えられますか？　現地でオプションでなんかをやらない限りは、お金がほとんどかかんないっていう。

高橋P 安いな。

ひろゆき あと、かなり前なんですけど、ブロガーに向けて、オーストラリアかなんかで、「1年間島の寮の管理人やりませんか？」みたいな募集があったんです。すごく寂れた島なんですけど、「そこに住んでくれたら生活費とか全部出すから来てくんない？」みたいなキャンペーン。そういう感じのって探すとたまにあるんですよね。世界中に。

高橋P あー、それ聞いたことある。あと、移住がチラッと頭の中にある人って、外国で街を歩いている時不動産情報を気にしながら歩いてる人っていますよね。

ひろゆき 2010年くらいにタイのプーケットに行ったんですけど、リゾートマンションの販売、結構熱心にやってましたね。とりあえず1泊泊まりませんかみたいなやつ、結構外国人向けにあるんですよ。それを転々としていると、多分1ヶ月くらい暮らせるんじゃないかなって。

高橋P 東京なら千葉の方のリゾートマンションに無料で宿泊体験しませんか？　みたいな。結局「買いませんか？」って営業される流れなんだけど、外国だったら断りづらいとかそういう感覚なく体験できそうな気がする。

ひろゆき　ヒルトン系とかマリオット系とかのタイムシェアリゾートを安く買えたりしますよね。時々安く泊まれますキャンペーンとかやってたりするし。うちの彼女の知り合いの人が、SNSやってる人で、パリのブルガリホテルに泊まらないかって誘いが来たみたい。でもその人が泊まれないから、うちの彼女とその友達が1泊30万くらいするホテルに泊まりに行ったっていう。インスタグラマー系はそういう安く泊まる方法があるんじゃないかなと。

高橋P　トライアルで安く1回泊まるとかいいですよね。

ひろゆき　マリオットとかだと多少は払わなきゃいけないんですけど、タイのやつはタダだったんですよね。

高橋P　へー。あとは何かセコく旅する技、ありませんか?

ひろゆき　うーん、なんだろう。あ、昔、アイドルを手伝ってたことがあって。ピンク・ベイビーズって言って、ピンクレディの作曲をした都倉俊一さんがプロデュースしたグループなんですけど。その子たちがすげーマイナーだった頃に、「あの都倉俊一のグループですよ」って言ってインドネシア航空をだまくらかしてチケット代を往復もらったことがありました。

高橋P　それは媒体として?

ひろゆき　はい、インドネシア航空のガルーダエアの写真をそれっぽく撮って、それっぽく記事に挙げてみたいな。言うと結構通るんですよね。インドネシア滞在中は、クールジャパン予算でホテル代を出してもらいましたからね。

高橋P　人間って頭使って生きていかなきゃだめですね。そういえばこの間パパ友が面白い話をしていて。「子どもの自由研究ですって言ったらどこでも入れますよ」っていうわけ。ほんとうは親が興味があるんだけど、いろんな企業や区役所とかガンガン電話して、「すみません、夏休みの自由研究のテーマにしたいので、見学させてもらえませんか?」とかいうと、ウェルカムっていう感じのところが多いらしい。だから「媒体です」もいいけど、意外とママとかパパも強いなって。

ひろゆき　レストランのキッチンとかもそう言うと入れそうですよね。

高橋P　飛行機のコックピットも昔はね。子どもが見たいって言えば入れましたもんね。

ひろゆき　高橋さんは子どもを使ってそういう悪さはしないんですか?

高橋P　何言ってるんですか。僕が子どもをダシに使うわけないじゃないですか!

2 聴き馴染みのない小国のえもいわれぬ魅力

俺、あそこ行ってみたいんですよね。ヨーロッパになんとか騎士団領ってありますよね。半分国みたいになってる場所。

ああ、マルタ騎士団ですね。「領土なき国境」って言われてるらしいですよ。イタリアのローマにあって、そこだけ治外法権が認められてる。ちゃんとパスポートがあるんですよね。僕もめっちゃ気になってました。

高橋P　そういう、他と違うシステムで動いてるところにすごい興味がある。ヨーロッパに他にないですか？　そういうところ。

ひろゆき　イギリスとフランスの間にあるアンドラ。あの国も面白かったですよ。

高橋P　小国ですよね。

ひろゆき　はい。空港がないし電車もないので車で行ったんですが、入国管理局的なものがなくて、国境沿いの高速道路の利用料金の15

ユーロを払っただけ。魚屋のおじさんとかが国家の国家主席として国連に出席している、みたいな国です。

高橋P　へえ。バスクみたいな感じ？

ひろゆき　あ、いえ。バスクは今は国にはなってなくて、フランスとスペインにまたがってるんですけど、アンドラ公国は一応国連に加盟している。

高橋P　アンドラとかも行ってみたいな。ヨーロッパでたまにそういう微妙に変なところありますよね。

ひろゆき　山に囲まれた自然豊かな場所に近代的なビルと昔ながらの建物が混在している感じ。温泉もあるし、治安もいいから引きこもりとしては「ここなら生活するの全然アリかも！」って思いました。

高橋P　へー。

ひろゆき　お酒やたばこやガソリンに税金がかからないから、フランスとスペインの人たちが押し寄せるっていう。

高橋P　そういうタックスヘイブン的なところで、行く予定してたのに行けなくなっちゃって惜しいことしたなって思ったのが、沿ドニエストル共和国っていうところ。唯一のソ連の生き残りっていう。いつか行こうと思っているうちにロシアが隣のウクライナを攻め始めて。

ひろゆき　ああ、モルドバの東側を流れてるドニエストル川とモルドバとウクライナの陸上国境に挟まれた細長い国ですよね。もともと治安悪いらしですけど、もっと治安悪くなったっていう話を聞きました。

高橋P　そういうとこ、行っとかないとダメだよな。

ひろゆき　確かに行っとかないとなくなる場所ってありますよね。でもウクライナがまさか行けなくなるとは思わなかったですけどね。

高橋P　ひろゆきさん、ウクライナって行ったんでしたっけ？

ひろゆき　あ、はい。でもそんなに掘るほどネタはないですよ。

高橋P　何日ぐらい滞在したんですか？

ひろゆき　トランジットで6時間いたぐらい。ウクライナ経由でパリに帰る飛行機で、キーウで6時間待機、ぐらいな感じだったので、もうどこに行ったかも忘れてしまったんですけど、空港からのバスで川沿いに行って、地下鉄に乗って、大聖堂的なとことかをちょこちょこ見て適当にコーヒー飲んだり、なんか買い物したりっていう感じ。

高橋P　街の雰囲気を味わったって感じですかね。

ひろゆき　ですね。行けなくなったといえば、エジプトに行けなくなって驚いて、イエメン行けなくなって驚いて。で、ウクライナとロシアも行けないじゃないですか。なんか、行けなくなる国、結構増えてるなって。

高橋P　こんなにポンポン出てくるもんなんですね。

ISIS
RABBAT
ALLAH ELDIN
الله اكبر

3

「移動の旅」と「国境越え」というワードの不思議な吸引力

ひろゆきさん、移動の旅ってどうですか？ロードムービー的な楽しみ方というか。

以前、フィリピンの山村の方に行くのに車で8時間かけて移動っていうのがあって。それはそれで景色も変わるし目的の場所があるから良いんですが、特にあてのないまま車に乗ってぐるっとどっか回って帰ってくるぞって言われると、たとえ1時間だとしても「もういいかな」とは思います。

高橋P　へえ。車窓から見る景色が好きだったり、乗り物に乗ってる時間がむしろ好きっていう人もいますけど、ひろゆきさんはそういう派閥ではないんですね。

ひろゆき　全然ないですね。電車に対する興味が全くなくて。

高橋P　僕は電車の旅全般に興味があるとか移動そのものが好きというより、電車で国境を越える瞬間が好きですね。同じライン上なのに、国をまたいだ瞬間にこんなに様相が変わるんだっていうことを感じるのが好き。中国とキルギスの国境がすごい山なんですけど、国境越えた瞬間に窓から見える景色の中にいる人が、いきなり中国人から白人になるっていう。おいおい、みたいな。「さっきまで中華だったのに、いきなりボルシチ食べるんか〜い」みたいな。あの感じが結構好きで。

ひろゆき　ああ、高橋さんって、そういう楽しみ方するんっすね。

高橋P　トルコに行った時も感動しましたね。確かジョージアから入ったんだと思うんですが、トルコに入ってから乗ったバスがいきなりきれいになってびっくり。国境の線一つでこんなに変わるんだっていう。

ひろゆき　メカとしての乗り物よりも、乗ることで感じ取れる文化の違いとか、そんなところに興味があるんですかね。

高橋P　どうなんだろう。乗り物そのものも嫌いじゃないですけどね。特に電車は好きです。日本にはないような中国の列車とか。中国の列車ってすごい長い間乗るじゃないですか。それこそ24時間とか36時間とか平気で乗る。そこで妙な交流が生まれるんですよね。たまたまボックス席が一緒になる。寝台列車だと一晩一緒に過ごすことになる。そうすると、ひまわりの種くれたりする。相手は平気でそこら辺にひまわりの種の殻をペッと吐く。一旦はムカつくんですけど、結局だんだん仲良くなっていく。「で、どこ行くんだ？　日本人」みたいな感じで話かけられて。あの付かず離れずの感じは結構好きでしたね。あれと同じような体験ができるところって、中国以外にないんじゃないかなあ。

ひろゆき　シベリア鉄道とかどうなんでしょうね。

高橋P　シベリア鉄道だと、ちょっと洗練されちゃってるんじゃないですかね。乗ったことないけど。

ひろゆき　高橋さんって、そういう貧乏な感じ、好きですよね。

高橋P　貧乏って、おいおい。中国はもはやリッチだけど。

ひろゆき　あ、いや、なんていうか。ほら、オリエンタル急行がおしゃれで楽しかったです！　っていう人もいるじゃないですか。でも、オリエンタル急行みたいに洗練されている感じ、高橋さんはきっと興味ないですよね。

高橋P　ああー。一切ないですね。なんだろう、最果てな感じがしないのかなあ。

ひろゆき　やさぐれ感がある感じが似合いますもんね。ちなみに、自分で車の運転をする旅とかはどうなんですか？

高橋P　車の運転は大好きですけど、僕、海外では運転したことはないですね。

ひろゆき　そうなんですか？

高橋P　海外の免許は持ってないです。

ひろゆき　そんなの日本で免許持っていれば、行く前に半日ぐらいで取れますよ。数千円で。

高橋P　うーん。でも海外に行ったら車より電車に乗る方が好きかもです、バスとか。

ひろゆき　ちなみにメキシコとかは国際免許すら必要ないですよ。

高橋P　マジすか。普通に乗れちゃうんですか？

ひろゆき　うん。国際免許の適応外の国なんですよね。

高橋P　免許が必要ない国ってことですか？

ひろゆき　日本の免許見せると、あーOKOKって言われる。絶対に文字読めてないでしょ！って思うけど。

高橋P　メキシコも超行ってみたいですけどね。

ひろゆき　メキシコはカンクーンの周りの遺跡とかを車で巡りましたけど、割と走りやすい道だったし、楽しかったですよ。

〜〜〜

高橋P　いいですね。メキシコの精神的な部分は興味があります。あと先進的なところと途上的なところが混ざっている感じも気になってます。

ひろゆき　やっぱり高橋さんって、ニッチ文化が好きな匂い、しますよね。

高橋P　えー、そうですか？　自分ではそうは思いませんけどね。っていうか、ひろゆきさんも人のこと、全然言えませんよね。

ひろゆき　あ、はあ。

4 「将来移住する場所を探す」という視点で旅してみると、意外な発見があって面白い！

ひろゆきさん、もう日本には帰ってこないんですか？

可能性は別にゼロではないですけど。今のところ海外がいいなあと思っています。

高橋P　次はアメリカとか？

ひろゆき　アメリカは1回住んじゃったんであんまり興味ないですけど。あ、でも移住するならラトビアはおすすめですよ。バルト3国の1つ、エストニア、ラトビア、リトアニアって縦に3つ並んでいるうちの真ん中の国なんですけど、500万円ぐらいの不動産を買うとラトビアの居住権がもらえるんですよ。今はもっと上がってるかもですが。

高橋P　いいじゃないですかそれ。

ひろゆき　5年住むと永住権に切り替えられる。

高橋P　ひろゆきさん、前にそこ住んでたって言ってませんでした？

ひろゆき　僕5年くらいいたんですけど。5年いて永住権を申請する時に、ラドビア語の試験があるっていうことが分かって、それは無理だなあって。

高橋P　ラトビア語の試験って辛そうですね。何語系なんですか？

ひろゆき　スウェーデンとかフィンランドとかに近いウラル語系っていう。とんと知ってる単語が出てこない系です。

高橋P　エストニアとかリトアニアもおんなじような条件なんですか？

ひろゆき　確かなかったと思いますね。

高橋P　ＩＴ系の会社の呼び込みを熱心にやってるってどこだっけ？

ひろゆき　あ、それエストニアですね。

高橋P　バルト3国に住もうっていう発想がないですけど、でも隣が北欧だって聞くと親しみは感じる。

ひろゆき　魚介類が普通に美味しいし、あと、ＥＵの中では東側だから人件費が安い。つまり外で食うご飯が安くて美味しいわけです。デンマークって美食のまち的な感じになってるんですけど、あそこは結構物価が上がっちゃって。ヨーロッパの中でも食に熱心な人たちがバルト3国に出店したりする傾向にあるので、料理の質がいいんですよ。

高橋P　真剣に考えたい。僕が一応カメラが回せて、動画編集ソフトのプレミアぐらいは触れるんですけど、ラドビアだったら食っていけますかね。

ひろゆき　全然食えるんじゃないですかね。

高橋P　ラトビア、行こうかな。

ひろゆき　経済成長半端ないので、メディア系の仕事とか全然あると思いますよ。

高橋P　ラトビア語の試験に合格すれば、か。

ひろゆき　永住権を求めるんだったらね。別に賃貸契約を更新し続ければ住めますよ。僕が住んでた時で、日本人が70人くらいいたらしいから。

高橋P　狭いですね。70人のコミュニティって。

ひろゆき　まあ、実際滞在してた時は、大使館の人以外に日本人に会ったことなかったですけど。

高橋P　大使館に勤めてる人と商社に勤めてる人ぐらいしかイメージできない。

ひろゆき　今は結構それ以外の職種の人たちもいたりしますよ。

高橋P　そういえば、子育て中の知り合いがマレーシアに移住したって聞いたなあ。昔スペインでもそういうの聞いたことがあって。今はちょっと分からないんだけど。

ひろゆき　スペインはリタイアメントビザっていう年金受給者なんかを対象にした制度がありますね。リタイアメントビザだと、世界中にわりと行きやすいところあるんじゃないかな。

高橋P　もうちょっと若めの人が行くとなると、どうでしょうね。

ひろゆき　キプロスは税制度安定してるし英語通じる。ポルトガルもビザや永住権取りやすい。不動産を買うと取れたりするんだけど、結構高かったな。調べた時期で日本円で

３０００万から５０００万ぐらいの不動産を　買わないといけなかったりした。ブルガリアも投資すると行けるっていうので知り合いが投資したんですけど、投資をした後書類が来るのを待ち続けて２年。いまだに連絡来ないって言ってて。役所の怠慢と戦わなければならないのはちょっと辛い。

高橋Ｐ　ブルガリアは意外。

ひろゆき　マレーシアの長期滞在ビザはすぐに取れましたけどね。役所もちゃんとしてた。その時は確か１０００万円分くらいの銀行預金があるとよかったんだと思います。

高橋Ｐ　マレーシアもいいですよね。中華系も多いからご飯も美味しいし。

ひろゆき　うん。ご飯も美味しいいし、治安もいいし。

高橋Ｐ　マレーシアから見たら日本って沈没する国家以外の何者でもないんじゃないかなあ。

ひろゆき　外からはそう見えてるかもしれませんね。

高橋Ｐ　結構発展してますよね。マレーシア。

ひろゆき　みんなシンガポールだけ見ちゃってるんですけど、マレーシアも結構発展してて。

高橋Ｐ　ひろゆきさんは、ビザを取ったの？

ひろゆき　取りました。でも、もう切れちゃったかな。

高橋Ｐ　どれぐらいの長さ住んでたんですか？

ひろゆき　あ、いや、住んではなくて。単にビザを取るのが目的で取って、年に１回行くかどうかくらいでしたね。10年ぐらいは行ってたんですけど、めんどくさくなって行かなくなっちゃいました。

高橋Ｐ　今は更新してないんですか。

ひろゆき　そうですね。

高橋P　ああ、聞いてたら移住したくなってきたなー。

ひろゆき　東南アジアがいいんじゃないですか、日本人にとっては。

高橋P　東南アジアもいいんですけど、暑いじゃないですか。虫もいっぱい出るし。あれがちょっと。

ひろゆき　日本も虫、出ますけど。

高橋P　日本の虫ってカラッとしてるじゃないですか。

ひろゆき　なにそれ。あ、でもマレーシアは山間部とかに行くと結構涼しいですよ。

高橋P　大丈夫ですか？　ゲリラとか。殺されたりしません？

ひろゆき　いやいや、大丈夫でしょ。クアラルンプールから1時間ぐらいの高原に、ゲンティンハイランドっていうカジノのあるリゾートができたんですけど、そこは治安もいいしホテルがしっかりしてるから、かなり良さげです。

高橋P　へー。東南アジアなら僕が移住してみたいのはラオスだなあ。ラオスはいい。

ひろゆき　行ったことあるんですか？

高橋P　リタイアして65歳すぎてから、昔の男友達と3人でラム酒を作ろうって言って移住した人を取材したことがあるんですよ。

ひろゆき　日本人で？

高橋P　はい、日本人です。密着取材したんですが、とにかくめっちゃ物価が安いんですよ、共産国だから。共産国だけどそこまで熱くない共産国、みたいな。ゆるいだけ、みたいな。ほんと、かなりゆるめな共産党で、物価が安いし、治安がいいんですよ。飯はタイ料理を田舎っぽくした感じだからうまい。仏教国だからみんな優しいし。

ひろゆき　仏教国なのに共産なんすね。

高橋P　そう。共産国なのに仏教国っていう謎の立ち位置だから、すごい優しいんですよ。泥棒もいないし、みんな優しいし。いやー、ラオスはよかったな。

ひろゆき　じゃあ、ラオスで不動産買っちゃえばいいんじゃないですか。

高橋P　ええ？　でもあそこで仕事があるか、すごい不安。

ひろゆき　なんかラオスの映像を撮影して日本に卸すっていうだけでも、そこそこ売れそうな気がしますけど。

高橋P　コーディネーターとか映像職人としてならいけるかなあ。きれいなメコン川を撮ってアマナ（イメージズ）に売る、みたいな。

ひろゆき　コカイン畑とか撮れれば売れるんじゃないですか。

高橋P　そうそう。ラオスの国境地帯がやばいんですよね。

ひろゆき　ゴールデントライアングルが。

高橋P　移住は怖いなー。他どこだろう。あ、俺が住んでみたいと思っていたところ、思い出しました。中国の客家円楼《はっかえんろう》。知ってます？

ひろゆき　知らないです。

高橋P　「客に家」って書いて「はっか」。土地の人っていうよりも、もともとは流浪の民だったんだけど結果的に定住して大きなコミュニティを作ってるんです。確か福建省。すごい巨大な円形の何百世帯も入る集合住宅があって、そこに一族で住んでるんですよ。何百人も。観光客も泊まれるみたいなんですが、観光だけが残ってガチな場所が絶滅しそうなんで、ガチがあるうちに行きたいんですよね。

ひろゆき　ガチはもう絶滅してるんじゃないですか。普通に会社員とかやってるんじゃないかなあ、その人たち。

高橋P　会社員をやってる人たちは、すでに円楼から出て行っちゃってる。まあ農業やってる人は残ってると思うけど。絶滅する前に、行きたいんだよなあ。

ひろゆき　まあ、観光地化して生き延びるんじゃないんですか。

高橋P　もうなっちゃってて、結構。

ひろゆき　1回行くくらいならいいですけど、なんとなく、ああこういう感じね、で終わる気がする。もうきっと、テレビもエアコンもありますよ。

高橋P　そういうところなんですよ嫌なところはね。つけんじゃねーよっていう。とか言いながら、いざ行ってマジで暑かったらブチ切れますけどね。

ひろゆき　普通に電気が使えて、快適だなっていう感じで終わると思う。結局、商業的な動きが始まっちゃうと、世界中似たような感じになっちゃうわけです。そういう意味では、今おすすめなのは、北朝鮮と、ミャンマーとキューバですよ。

高橋P　商業的な人が入れないところですよね。まあ、住みたいかは別にして面白いとは思う。ところでひろゆきさん。今、日本では東京から長野とか自然豊かな場所に移住する人が増えているんですが、もしパリからIターンっていうか、パリからフランスの地方都市に移住する場合、人気の場所ってあるんですか？

ひろゆき　西部のナントとかそこら辺が人気上がってるんですよね。あと中東部のディジョンとか。高速鉄道でパリから2、3時間で行けて、パリと同じ金額出したら家の広さが2、3倍になるとかっていうので。

高橋P　2拠点生活している人はいます？

ひろゆき　2拠点はあんまり聞かないですね。バカンスで短期的に地方に行って帰ってくるか、完全に移住してるか。コロナ禍で政府が企業のリモートの義務化をしたんですよ。なので出社しろっていう命令ができないっていう。それで、パリだとリモートワーク部屋を作るのも難しいし、じゃあ田舎に行ってもいいんじゃないっていうので、そこらへんの中核都市の不動産の値段が結構上がってきています。

高橋P　パリはすっかり引き払って移動しちゃって、本社とかにいかなきゃいけない時は出張扱いで2時間かけて行く、とかそういうイメージ?

ひろゆき　出張もなにも、コロナ期間中は基本ずっとリモート。法律上行かなくていいっていうことになっちゃったので。

高橋P　ちなみに住む目的の移住先と、いわゆるバカンスで行く先っていうのはパリの人にとっては違うものなんですか?

ひろゆき　バカンスだと、海の方とか山の方に行きがちですね。

高橋P　ナントって聞いたことはないですね。ディジョンはマスタードで有名ですよね。フランスもゆっくり回りたいな。リヨンとかも美食の街っていうイメージで美味しそう。ジビエとか色々美味しいものありそうですもんね。ひろゆきさん、フランスに一生住むんですか? もう移住しないんですか。

ひろゆき　フランスにずっといようっていうこともないですけど。正直動くのめんどくせえっていう。どこでもいいならここでもいいやっていう感じになってますね、今は。

高橋P　そっか、まあどこでも慣れちゃうとね。住めば都っていいますよんね。

ひろゆき　っていうか、もともと引きこもりなんで。

trême
voyageur
du Pérou aux îles Marquises

世界はやっぱりナナメから見た方が面白かった。

ひろゆき

ひろゆき（西村博之）

1976年生まれ、東京都赤羽育ち。中央大学に進学後、在学中に米国アーカンソー州に留学。1999年、インターネットの匿名掲示板「2ちゃんねる」を開設し、管理人になる。2005年、株式会社ニワンゴの取締役管理人に就任し、「ニコニコ動画」を開始。2009年に「2ちゃんねる」の譲渡を発表。2015年、英語圏最大の匿名掲示板「4chan」の管理人に。自身のYouTubeチャンネルの登録者数は160万人、Twitterのフォロワー数は230万人を突破。 主な著書に、『論破力』(朝日新書)、『1%の努力』(ダイヤモンド社)、『叩かれるから今まで黙っておいた「世の中の真実」』(三笠書房)、『無敵の独学術』(宝島社)などがある。

高橋弘樹（高橋P）

映像ディレクター。

1981年生まれ、東京都・錦糸町育ち。早稲田大学政治経済学部卒業後、2005年テレビ東京入社。『家、ついて行ってイイですか？』『ジョージ・ポットマンの平成史』などを企画・演出。2021年よりYouTubeチャンネル「日経テレ東大学」の企画・制作統括を務める。2023年2月末でテレビ東京を退社。同年3月より自身が代表を務める株式会社tonariでビジネス動画メディア「ReHacQ(リハック)」を開設。同名のYouTubeチャンネルは数日で20万人登録を突破。著書に『TVディレクターの演出術』(筑摩書房)、『1秒でつかむ』(ダイヤモンド社)、『都会の異界 東京23区の島に暮らす』(産業編集センター)、編著書に『天才たちの未来予測図』(マガジンハウス)などがある。

ひろゆきツアーズ 世界ぐるっと物見遊山の旅

2023年5月23日 第1刷発行

著者 ひろゆき（語り手・写真）
高橋弘樹（聞き手）
撮影 元田喜伸（カバー／P2.3.144）
装丁 篠田直樹（bright light）
DTP オブジェクト・ラボ
校閲 ツキソラ編集室
編集 松本貴子（産業編集センター）
発行 株式会社産業編集センター
〒112-0011 東京都文京区千石4丁目39番17号
TEL 03-5395-6133 FAX 03-5395-5320
印刷・製本 萩原印刷株式会社

ISBN978-4-86311-364-0 C0026

参考文献

『地球一周!世界の国ぐに大図鑑』
河出書房新社／2021年6月

『エピソードで読む世界の国243 2021 > 2022』
山川出版社／2021年5月

『世界の国々ー世界208の国と地域の特色がこの一冊でまるわかり!（講談社ポケット百科シリーズ）』
講談社／2019年7月

外務省ウェブサイト
https://www.mofa.go.jp/mofaj/area/index.html